Stefan Kläs

REDEN AUF DEM WEG

Predigten 2016–2018

Meinen Eltern,
MANFRED und ELEONORE KLÄS,
die mir beibrachten,
dass die Bibel ein gutes Buch ist,
in Dankbarkeit gewidmet.

© 2019 Stefan Kläs

Herstellung und Verlag:
BoD – Books on Demand,
Norderstedt

ISBN 978-3-75-042383-1

5

10.04.2016 – Misericordias Domini
1 Petr 2,21b-25

Liebe Gemeinde!

„Wer hat Angst vorm schwarzen Mann?" Diese Frage kommt ihnen wahrscheinlich bekannt vor. Von dem Schulhofspiel, das auch in meiner Generation noch gespielt wurde, und aus der aktuellen Ausgabe der „Gemeindezeit", ihrer Zeitschrift, die schon angekommen ist in der neuen Zeit der Emmaus-Gemeinde.

Flucht und Migration sind die Leit-Themen der beiden bisherigen Ausgaben und das ist kein Zufall, denn es sind die beherrschenden Themen unserer Tage.

Als Christinnen und Christen haben wir über alle Konfessions- und Gemeindegrenzen hinweg erkannt: Uns für Geflüchtete einzusetzen, Hilfe zu koordinieren, Beratung zu organisieren und Initiativen auf den Weg zu bringen, das ist unsere Aufgabe.

Ich glaube, wir haben das so schnell als unsere Aufgabe erkannt, weil wir in ökumenischer Gemeinschaft auf die Bibel gehört haben, die uns mit der Geschichte des Volkes Israel und seiner Fluchtgeschichte verbindet: „Mein Vater war ein umherirrender Aramäer; und er zog nach Ägypten hinab und lebte dort als Fremdling" (Dtn 26,5), so erzählt das Alte Testament. Viele Spu-

7

ren, die sich mit dem Stichwort „Fremdling" verbinden, ziehen sich bis ins Neue Testament.

Von einer Spur möchte ich heute erzählen.

Im ersten Petrusbrief wendet sich ein Verfasser, der sich Petrus nennt wie der Jünger Jesu, an die Gemeinden in Kleinasien, also in der heutigen Türkei.

Er benutzt in der Briefanrede eine merkwürdige Formulierung.

Er schreibt an die „Fremdlinge in der Diaspora" (1,1), an Christen, die als religiöse Minderheit leben.

Der Predigttext für den heutigen Sonntag ist ein Ausschnitt aus diesem Brief.

Ich lese aus dem zweiten Kapitel des ersten Petrusbriefs die Verse 21 bis 25:

21 Denn dazu seid ihr berufen, da auch Christus gelitten hat für euch und euch ein Vorbild hinterlassen, dass ihr sollt nachfolgen seinen Fußtapfen; 22 er, der keine Sünde getan hat und in dessen Mund sich kein Betrug fand; 23 der nicht widerschmähte, als er geschmäht wurde, nicht drohte, als er litt, er stellte es aber dem anheim, der gerecht richtet; 24 der unsre Sünde selbst hinaufgetragen hat an seinem Leibe auf das Holz, damit wir, der Sünde abgestorben, der Gerechtigkeit leben. Durch seine Wunden seid ihr heil

geworden. 25 Denn ihr wart wie die irrenden Schafe; aber ihr seid nun bekehrt zu dem Hirten und Bischof eurer Seelen.

Dies also schreibt Petrus an die „Fremdlinge in der Diaspora" in Kleinasien, an die Christinnen und Christen in der Minderheit. Ihnen will er Orientierung geben, ihre Hoffnung und ihren Zusammenhalt stärken. Und das haben sie nötig, denn diese Gemeinden leben in einem schwierigen Umfeld. Sie sind eine Minderheit. Sie müssen sich in einer Gesellschaft zurechtfinden, die ihnen mal fremd, mal offen feindselig gegenübersteht.

Was das konkret im Alltag bedeutet, wird im Petrusbrief deutlich. Petrus schreibt hier nämlich an Sklaven, die Christen geworden sind. Sklaven, die wegen ihres Übertritts zum christlichen Glauben von ihren Herren erniedrigt werden.

Christin oder Christ zu werden, sich in der Taufe zu einem neuen, zu einem anderen Herrn zu bekennen, das konnte einen Sklaven damals sogar verdächtig machen.

Wird der jetzt am Ende aufmüpfig und unbequem? Was, wenn dieser neue Herr, der Herr Jesus Christus – immerhin ein verurteilter und hingerichteter Verbrecher – zum Aufstand, zur Revolte inspiriert?

Ist auf einen solchen Sklaven überhaupt noch Verlass?

So oder so ähnlich mag an kleinasiatischen Stammtischen über die Christen gesprochen worden sein, die Sklaven waren.

An der zerstörerischen Dynamik von Gerüchten und Verleumdungen hat sich bis heute nichts geändert. Sind sie erst einmal in der Welt und werden nur oft genug wiederholt, dann kommen wir mit Argumenten kaum noch gegen sie an.

Über Menschen, die sich nicht wehren können, kann man fast jedes Gerücht in die Welt setzen – es wird weitererzählt und dann auch irgendwann geglaubt.

Diejenigen, die nicht zum Mainstream gehören, die nicht durch die gesellschaftliche Mehrheit geschützt sind, die sind damals wie heute der Hitze der Gerüchteküche schutzlos ausgeliefert.

Und zu allen Zeiten treten dann auch die politischen Profiteure auf den Plan, die das Geschäft der Verleumdung betreiben und Gerüchte über andere zu ihren Zwecken nutzen.

Was soll man dagegen tun?

Petrus empfiehlt den Sklaven unter den Christen: Sie sollen den Verleumdungen nicht auch noch durch ihr eigenes Verhalten Vorschub leisten. Er schreibt: „Ihr Sklaven, ordnet euch in aller Furcht den Herren unter, nicht allein den gütigen und freundlichen, sondern auch den wunderlichen." (2,18)

Eine befremdliche Empfehlung ist das: Unterordnung als Überlebensstrategie?

Den Kopf einziehen, sich totstellen und hoffen, dass das Unheil vorübergeht?

Sieht so also die Richtschnur für christliches Handeln in der Welt aus?

Ein argloses Schaf sein, mit dem die Wölfe leichtes Spiel haben?

Ich jedenfalls spüre da Widerstand in mir. Ich möchte mich nicht so einfach unterordnen und auch niemandem Unterordnung empfehlen, schon gar keinen blinden Gehorsam.

Die biblische Schule der Freiheit hat uns doch auch gelehrt, von anderen Bildern zu träumen: von der Befreiung der Unterdrückten, von gesprengten Ketten, vom Ende jeder Sklaverei. Aber es sind nicht nur biblische Bilder, die ich vor Augen habe.

Wer von den Kinobesuchern empfand nicht das Gefühl tiefer Genugtuung, als Dr. King Schultz in Quentin Tarantinos Film „Django Unchained" im Wilden Westen einen Sklaven befreite. Dr. King Schultz, ein Düsseldorfer Zahnarzt und Kopfgeldjäger, gespielt von dem grandiosen Christoph Waltz, macht Jagd auf die Bösen und befreit den Sklaven Django, der dann seine Liebste rettet und – wie kann es anders sein – mit ihr am Ende in den Sonnenuntergang reitet. Wie immer in Tarantinos Filmen nach einem knietiefen Blutbad, in dem die Bösen ein- für allemal versinken.

Im Film fühlen sich Vergeltung und Rache für erlittenes Unrecht vielleicht noch gut an. Doch im echten Leben erzeugt Rache nur neue Gewalt.

Und Gott sei Dank gibt es für uns Christinnen und Christen einen dritten Weg.

Einen Weg zwischen der Unterordnung und dem Blutbad:

den Weg der Gerechtigkeit!

Auf diesen Weg führt uns Petrus, auf den Weg der Gerechtigkeit.

Dafür erzählt er uns heute noch einmal kurz aber eindringlich die Passionsgeschichte: von Christus, „der nicht widerschmähte, als er geschmäht wurde, nicht drohte, als er litt, er stellte es aber dem anheim, der gerecht richtet" (2,23).

Der Weg der Gerechtigkeit beginnt also damit, dass wir etwas lassen.

Dass wir etwas nicht tun, was menschlich nur allzu verständlich wäre.

Genau darum ist es ja so schwer!

Gerechtigkeit fängt dort an, wo wir auf Gottes Gerechtigkeit vertrauen!

Sie fängt dort an, wo wir im Vertrauen auf Gott all' das lassen, was den Teufelskreis der Gewalt am Laufen hält:

Nämlich ein Gerücht mit einem noch übleren Gerücht beantworten, um die Lufthoheit über den Stammtischen und meinetwegen auch über den Frühstückstischen zu behalten.

Fremde bedrohen, um nicht von der eigenen Angst überwältigt zu werden.

Damit fängt Gerechtigkeit an: Auszusteigen aus diesen Mechanismen von Angst und Gewalt, die das gesellschaftliche Klima vergiften;

sie fängt damit an, kein Öl ins Feuer zu gießen.

Für den oberflächlichen Blick mag das passiv aussehen, nach Unterordnung, ja nach „Sklavenmoral" (Nietzsche).

Doch für diesen Ausstieg aus der Spirale der Gewalt braucht es mutige und freie Menschen!

Menschen, die auf Gottes Gerechtigkeit vertrauen.

Menschen, die der Logik von Angriff und Gegenangriff eine Absage erteilen.

Müssten wir diesen Mut selbst aufbringen, wir wären wohl arm dran.

Wenn es da nicht einen gäbe, der sich um unsere Seelen sorgt, Christus, den Hirten unserer Seelen, wie ihn Petrus beschreibt.

Es ist ein zärtliches und zugleich sehr starkes Bild, das er uns damit vor Augen stellt.

„Ihr wart wie die irrenden Schafe", schreibt er, „aber ihr seid nun bekehrt zu dem Hirten und Bischof eurer Seelen." (2,25)

In diesem Bild schwingt ja die Erfahrung mit, die Israel seit jeher gemacht hat:

Gott sorgt für sein Volk.

Gott lässt die nicht allein, die auf der Suche nach einer grünen Aue und frischem Wasser sind, die einen Platz zum Leben suchen, die in finsteren Tälern oder an stacheldrahtbewehrten Grenzen verzweifeln, die nichts als Unglück fürchten und sich doch nach Leben sehnen.

Gott lässt die nicht allein, die so krank sind, dass sie nicht weiter wissen, die vor Sorgen nicht schlafen können, die trauern um geliebte Menschen und verlorene Träume.

„Ihr wart wie die irrenden Schafe, aber ihr seid nun bekehrt zu dem Hirten und Bischof eurer Seelen." (2,25)

Bei diesem Hirten und Bischof unserer Seelen finden wir Kraft für unser Leben und die Weisheit, die die Welt braucht.

Bei diesem Hirten und Bischof unserer Seelen finden wir Freiheit, die Freiheit zum Vertrauen auf Gott, und Liebe zu dieser Welt und ihren Menschen.

Liebe Gemeinde!

Wo wir uns auf diese Freiheit einlassen und in ihr leben, da geschieht etwas Merkwürdiges mit uns. Da werden wir nämlich unwillkürlich immer wieder zu Fremdlingen. Wir werden zu Fremdlingen in einer Gesellschaft, die sich vielen Zwängen ausliefert, echten und vermeintlichen.

In dieser Freiheit werden wir immer wieder anders denken und handeln als die Mehrheit.

Vielleicht sind wir irgendwann sogar so frei zu sagen:

Wenn wir jetzt anfangen, uns noch entschuldigen zu müssen dafür, dass wir in Notsituationen ein freundliches Gesicht zeigen, dann sind wir fremd in diesem Land.

Ich glaube: Wo immer Menschen Heimat gefunden haben bei Christus, dem „Hirten und Bischof ihrer Seelen", werden sie solche Freiheit und solche Fremdheit erleben. Eine Fremdheit, die verrät, dass wir noch nicht angekommen sind, dass wir noch unterwegs sind in das Land der Freiheit, in das Reich Gottes.

In diesem Sinne, liebe Schwestern und Brüder, lasst uns frei und immer wieder auch gemeinsam fremd sein.

Lasst uns gemeinsam fremd sein gegenüber politischer Hetze, die es nicht bei Verleumdungen belässt, sondern auch vor körperlicher Gewalt gegen Menschen nicht zurückschreckt.

Lasst uns gemeinsam fremd sein gegenüber Phantasien vom Untergang der Kirche, die Ängste schüren, wir Christinnen und Christen könnten eines Tages in der Minderheit sein.

Davor müssen wir keine Angst haben, wenn es denn wirklich so kommen sollte!

Denn: Wir können Minderheit! Wir *können* Minderheit!

Weil wir unsere Stärke eben nicht aus gesellschaftlicher Dominanz ziehen, sondern aus unserem Vertrauen auf den „Hirten und Bischof unserer Seelen", aus unserem Vertrauen auf Christus.

Und: Ich bin sicher, liebe Gemeinde, wenn wir in diesem Vertrauen leben, dann werden wir als Kirche in unseren Stadtteilen in Zukunft eben nicht nur kleiner, ärmer und älter, wie uns die Prognosen erklären, sondern zugleich:

lebendiger und vielfältiger,
phantasievoller und fröhlicher,
politischer und kämpferischer,
spiritueller und mutiger,
lokaler und ökumenischer,
gefühlvoller und vernünftiger.

Ich freue mich darauf!

16

Was mich in dieser Hoffnung bestärkt?

Es ist die Gegenwart des Auferstandenen, der uns begegnet, wo wir einander begegnen. Und es scheint Begegnungen zu geben, die dafür prädestiniert sind, zu Begegnungen mit dem Auferstandenen zu werden, der sich einmischt und Geschichten schreibt in und mit unserem Leben.

Eine solche Geschichte zum Schluss.

Vor einem knappen Jahr stand an einem Sonntagmorgen beim Kirchenkaffee plötzlich ein iranischer Flüchtling vor mir.

Wir kamen ins Gespräch.

Bald stellte sich heraus, er ist Christ. Der junge Mann holte ein völlig zerlesenes, in billiges Plastik gebundenes Buch aus seiner Jackentasche, seine Bibel in Farsi, der persischen Sprache.

Sein Anliegen war, so schnell wie möglich einen Bibelkreis in Farsi zu gründen, denn:

„Dieses Buch", so erklärte er mir, „ist jetzt meine Heimat".

Dieses Buch ist jetzt meine Heimat.

Da standen wir also. Zwei Menschen, die in vieler Hinsicht kaum unterschiedlichere Lebensgeschichten und Schicksale haben könnten. Bis vor einem Moment hatte ich noch gedacht, ich bin hier derjenige, der zu Hause ist, und mein Gegenüber ist der Fremdling.

Doch: Für einen entscheidenden Moment
kehrte sich dieses Verhältnis um.

Er ganz bei sich,
mit seiner ganzen Geschichte von Flucht und
Verlust,
und zugleich ganz zu Hause in seiner Schrift,
mir einen Schritt voraus bei dem „Hirten und
Bischof unserer Seelen".

Amen.

06.11.2016 – Drittletzter Sonntag des Kirchenjahres
Röm 14,7-9

Liebe Gemeinde!
Ich stehe hier … und freue mich.

Ich freue mich, das Amt, in das ich gewählt und soeben eingeführt wurde, jetzt auch hier bei Ihnen auszuüben.

Es hat, heute und schon in den Wochen zuvor, so viele freundliche Zeichen und Gesten des Willkommens gegeben, das mir ganz warm ums Herz wird.

Vielen Dank dafür!

Meine große Freude verbindet sich – und das ist gar kein Widerspruch – mit großem Respekt. Respekt vor dem Amt, in das sie mich gewählt haben, und natürlich auch vor dieser Antrittspredigt.

Denn wer immer eine solche Antrittspredigt hält, der hat es ja nicht nur mit den Erwartungen seiner Hörerinnen und Hörer zu tun, sondern auch mit der Geschichte dessen, der uns beauftragt und sendet: mit der Geschichte Jesu Christi.

Schon in der Antrittspredigt Jesu, von der uns Lukas berichtet, zeigt sich die ganze Bandbreite möglicher Reaktionen auf das Evangelium: Jesus wird von den einen gepriesen, andere sind von Zorn erfüllt (Lk 4,15.28).

Was auch immer nach dieser Predigt geschehen mag, eins ist entscheidend für mich:

Hier in der Kirche sind wir nicht auf uns selbst gestellt.

Niemand von uns predigt für sich selbst und niemand hört für sich selbst.

Predigen wir, so tun wir das, weil wir zu Christus gehören. Hören wir, so tun wir auch dies, weil wir zu Christus gehören. Damit will ich sagen: Ob wir predigen oder hören heute Morgen, wir tun beides, weil wir zu Christus gehören und darin miteinander verbunden sind.

Das gibt mir neben dem Amt auch den Mut, heute vor sie zu treten und sie anzusprechen als liebe Schwestern und Brüder!

Damit bin ich auch schon beim Predigttext des heutigen Sonntags, der eben genau diese Verbundenheit in Christus ausspricht: Ein Abschnitt aus dem Römerbrief des Paulus, den viele von ihnen wahrscheinlich gut kennen, weil er oft nach Abkündigungen von Verstorbenen oder bei Bestattungen gelesen wird.

In Römer 14 heißt es:

7 Unser keiner lebt sich selber, und keiner stirbt sich selber. 8 Leben wir, so leben wir dem Herrn; sterben wir, so sterben wir dem Herrn. Darum: wir leben oder sterben, so sind wir des Herrn. 9 Denn dazu ist Christus gestorben und

wieder lebendig geworden, dass er über Tote und Lebende Herr sei.

I.

Heute, am Drittletzten Sonntag des Kirchenjahres, beginnt die letzte Etappe des Kirchenjahres und die Fragen nach dem Reich Gottes, nach Tod und ewigem Leben kommen in den Blick. Damit kommt aber auch unser Leben, das wir hier und jetzt führen, neu in den Blick. Das Reich Gottes beginnt ja nicht erst jenseits des Lebens, sondern eben mitten unter uns (Lk 17,21).

Und genau deshalb ist auch der Zusammenhang des Predigttextes im Römerbrief so interessant, denn Paulus behandelt hier Fragen, die mitten aus dem Leben der Gemeinde in Rom gegriffen sind.

Was war los in Rom?

In der christlichen Gemeinde dort standen sich verschiedene Gruppen gegenüber, die sich durch ihren Lebensstil unterschieden.

Es ging dabei um Fragen der Ernährung und um Kalenderfragen.

Die einen aßen Fleisch und fanden das vermutlich ganz selbstverständlich.

Die anderen hingegen ernährten sich vegetarisch und fühlten sich dazu vom jüdischen Gesetz verpflichtet, obwohl sie Christen waren.

Für die einen war jeder Tag der Woche gleich.

Für die anderen gab es Unterschiede. Sie fühlten sich verpflichtet, den Sabbat zu halten.

Wir können uns, glaube ich, leicht vorstellen, welcher Zündstoff sich hinter diesen Unterschieden verbarg. Wenn es eine menschliche Eigenschaft gibt, die vermutlich über Jahrhunderte und Jahrtausende sehr stabil auftritt, dann ist es wohl die Vorliebe fürs Rechthaben.

Ich stelle mir vor:

Die Vegetarier fanden die Fleischesser aufmüpfig und unfolgsam. Sie beriefen sich auf ihr Gewissen und wollten die Fleischesser zu Vegetariern machen.

Die Fleischesser hingegen fanden die Vegetarier dogmatisch und engstirnig. Sie beriefen sich auf ihre Freiheit und wollten die Vegetarier zu Fleischessern machen.

Und Paulus? Paulus sagte: Stopp! Stopp, liebe Schwestern und Brüder!

Das, worüber ihr euch streitet, das mag vielleicht in der Vergangenheit von letzter und entscheidender Bedeutung gewesen sein.

Jetzt hingegen, im Anbruch des Reiches Gottes, sind diese Unterschiede nicht mehr entscheidend. Sie entscheiden nicht darüber, wer zur Gemeinde gehört. Sie sind und bleiben für den einzelnen wichtig, aber sie sind irrelevant für die Frage, wer zu Christus gehört und damit zu Gott.

Denn dafür ist nur eins entscheidend: „Gott hat ihn angenommen" (Röm 14,3), den Vegetarier und die Fleischesserin. Wenn also Christus sogar „über Tote und Lebende Herr" ist, dann auch über die Fleischesserin und den Vegetarier.

Anders gesagt: Paulus gab in diesen Fragen die Entscheidung frei, es herrschte diesbezüglich kein Zwang zur Uniformität, sondern jeder und jede sollte seinem und ihrem Gewissen folgen. Es herrschte, mit anderen Worten, Meinungsfreiheit in der römischen Gemeinde, ein Pluralismus der Überzeugungen.

Doch einen Haken gab es bei der Sache, und den spürte Paulus sofort.

Wenn schon damals jeder nach seiner Fasson selig werden konnte, dann entstanden sofort starke Fliehkräfte. Dann war die Gefahr sehr real, dass irgendwann die Vegetarier eine Vegetarier-Gemeinde und die Fleischesser eine Fleischesser-Gemeinde gründeten.

Und genau das wollte Paulus nicht.

Darum schrieb er den Römern zwei Dinge ins Stammbuch.

Erstens: Meinungsunterschiede dürfen niemals dazu führen, dass ihr einander verachtet und verurteilt!

„Jeder von uns" wird nämlich „für sich selbst Gott Rechenschaft geben", meinte Paulus (Röm

14,12). Jeder muss seine Meinung und seine Lebensführung für sich selbst bedenken und vor Gott verantworten. Was die anderen denken und tun, ist ihre Sache.

Und zweitens schrieb Paulus: Ihr müsst unbedingt Rücksicht aufeinander nehmen. Vor allem diejenigen, die sich selbst frei fühlen von althergebrachten Traditionen, die müssen Rücksicht nehmen auf die anderen, für die alte Verbindlichkeiten gelten, die beispielsweise kein Fleisch essen können oder den Sabbat halten wollen.

Paulus nannte die Freien stark und die eher Traditionellen schwach.

Eine Unterscheidung mit Folgen, wie wir noch sehen werden.

II.
Liebe Gemeinde!

Ich finde diesen Respekt vor Gewissensentscheidungen gut, ich kann mit dem Pluralismus von Lebensstilen und mit Meinungsfreiheit sehr viel anfangen.

Glücklicherweise ist all' das für viele von uns in der Kirche und wohl auch für die Mehrheit der Menschen in unserem Land selbstverständlich.

Und doch erleben wir gerade, wie diese Errungenschaften, die auch auf Paulus und die Impulse der Reformation zurückgehen, massiv infrage gestellt werden.

Es gibt beispielsweise viel Verachtung von Menschen gegen Menschen, nur weil jemand anderer Meinung ist. Soziale Netzwerke und Schulhöfe, Büros und Stammtische, aber auch die große politische Bühne sind voll davon.

Der aktuelle amerikanische Wahlkampf markiert hier nur einen traurigen Tiefpunkt.

Es gibt viel Rücksichtslosigkeit von Menschen, die unter Freiheit verstehen, dass sie sich an nichts und niemanden mehr binden außer an sich selbst und ihren eigenen Profit.

Es gibt aber auch die ewig Verletzten und Beleidigten, die an allem und jedem Anstoß nehmen, die sich ständig in ihren religiösen oder – schlimmer noch – in ihren nationalen Gefühlen verletzt fühlen und von aller Welt Rücksicht auf ihre angebliche Schwachheit verlangen. Und leider gibt es die Politikerinnen und Politiker, die genau das für ihre Zwecke nutzen. Die vorgeben, die Ängste der Menschen ernst zu nehmen. In Wahrheit bewirtschaften sie diese Ängste und ziehen daraus Wählerstimmen.

Manchmal denke ich: Wir sind in der Moderne technisch viel entwickelter als die Menschen zu Paulus' Zeiten, und kämpfen doch menschlich mit den immer gleichen oder zumindest verblüffend ähnlichen Problemen.

Zurzeit ist es ja wieder total angesagt, sich auf das je Eigene zurückzuziehen.

Auf die eigene Region und Religion, auf die eigene Konfession und Nation, auf ein Europa, das mehr und mehr zur ‚gated community' geworden ist, zur geschlossenen Gesellschaft, in der sich die Globalisierungsgewinner vor den Verlierern, die Starken vor den Schwachen verstecken.

Dem Zeitgeist steht der Sinn nach Trennung, nach Aufteilung der Welt in Einflusssphären und Interessengebiete.

Wie kommt das? Was geht da eigentlich schief?

III.

Mein Eindruck ist:

Wir brauchen neue Perspektiven, einen neuen Blick auf die Welt.

Wir müssen neu lernen, und zwar nicht nur aus der Vergangenheit, sondern von der Zukunft her, von Gottes Zukunft, von Gottes Reich.

Von Gottes Zukunft lernen, das bedeutet, mit dem Zeitgeist der Trennung unweigerlich in Konflikt zu geraten.

Das Reich Gottes fängt ja nicht jenseits unseres Lebens an, sondern mitten unter uns. Und diesen Anfang von Gottes Reich, den kann man nicht zeitlich bestimmen – morgen um elf. Man kann ihn auch nicht räumlich bestimmen – hier in Düsseltal oder dort in Mörsenbroich.

Das Reich Gottes fängt vielmehr überall dort an, wo Menschen sich in all' ihrer Unterschiedlichkeit und Vielfalt gegenseitig konkret annehmen als Schwestern und Brüder Jesu Christi. In den Worten des Paulus:

„Nehmt einander an, wie Christus euch angenommen hat" (Röm 15,7).

Wenn ihr das tut, gebt ihr Gott die Ehre, lebt ihr so, wie Gott euch geschaffen hat.

Liebe Gemeinde!

Wenn es sich so verhält mit dem Reich Gottes, dann ist die anstehende Fusion unserer drei Gemeinden, der Thomas-, Matthäi- und Christuskirchengemeinde, nicht nur ein Gebot der Vernunft, sondern ein Geschenk des Himmels.

Denn sie gibt uns die Möglichkeit, diese gegenseitige Annahme konkret zu praktizieren. Dabei wird, wie in der Gemeinde in Rom, beides wichtig sein:

Einerseits die Freiheit, Neues zu wagen und darum auch Altes zu verabschieden.

Andererseits die Rücksicht auf diejenigen, die für all' das Zeit brauchen, weil sie mit ihren Gedanken und Gefühlen noch dem Alten verpflichtet sind, der Art und Weise, wie sie bisher ihren Glauben gelebt haben.

Diese Balance zwischen Freiheit und Rücksicht, zwischen Innovation und Tradition gehört zum Reich Gottes dazu. Sie richtet sich aus an Christus, dem wir leben und sterben, der Herr ist über uns alle. Darum geht es, dass die verschiedenen Menschen Gemeinschaft mit Christus haben und in dieser Gemeinschaft gemeinsam auf dem Weg sind.

Dabei würde ich gerne, anders als Paulus, nicht von den Starken und von den Schwachen in der Gemeinde sprechen. Die Starken und die Schwachen, das beinhaltet ja schon eine Wertung, das klingt zu sehr nach Gewinnern und Verlierern.

Ich würde viel lieber von den Enthusiasten und den Skeptikern sprechen. Oft ist es ja auch eine Frage des Temperaments, ob Menschen das Neue enthusiastisch begrüßen oder ob sie sich eher skeptisch zurückhalten, weil sie das Alte sehr wertschätzen.

Ich glaube, wir brauchen beide. Und alle anderen, die irgendwo dazwischen sind, natürlich auch. Wir brauchen die Enthusiasten, die das Neue begrüßen und nach vorne drängen. Wir brauchen aber auch die Skeptiker, die kritische Rückfragen stellen und manchmal auf die Bremse treten. Die einen sorgen dafür, dass es kontinuierlich weitergeht. Die anderen dafür, dass an alles Wichtige gedacht wird. Und wahrscheinlich unterstützt niemand das Neue so nachhaltig wie ein Skeptiker, der schließlich vom Neuen überzeugt wird.

In diesem Sinne wird unsere erste Aufgabe als Gemeinde die sein, wirklich Gemeinde Jesu Christi zu sein. Gemeinde nicht nur im Aufbruch, sondern im Anbruch. Im Anbruch des Reiches Gottes, indem wir einander annehmen, wie Christus uns angenommen hat.

Ich glaube übrigens, dass wir damit nicht nur uns selbst helfen, sondern auch unserer Stadt und unserem Land einen Dienst erweisen.

In einer Zeit, in der Verachtung, Intoleranz und Hass öffentlich propagiert und vorgelebt werden, wird gegenseitige Annahme zu einem revolutionären Akt.

Zu einem Akt, der die Welt hier und jetzt zu einem besseren Ort macht, der Respekt und Mut in unsere Stadt bringt, der mit unserer kleinen Kraft den sozialen Frieden in unserem Land sichert, der die Wunden von Krieg und Terror in der Welt heilt.

Epilog
Zum Schluss noch einmal Paulus:

7 Unser keiner lebt sich selber, und keiner stirbt sich selber. 8 Leben wir, so leben wir dem Herrn; sterben wir, so sterben wir dem Herrn. Darum: wir leben oder sterben, so sind wir des Herrn. 9 Denn dazu ist Christus gestorben und wieder lebendig geworden, dass er über Tote und Lebende Herr sei.

Paulus hat es in seinem Brief an die Gemeinde in Rom vorgemacht: Man kann mit diesem Text wunderbar argumentieren. Und ich habe versucht, ihm auf dieser Spur zu folgen.

Dennoch ist dieser Text weit mehr als ein Argument. Er ist eben auch wunderschön, ein liturgisches Juwel, zu Recht auch in der neuen Lutherbibel fettgedruckt.

Und für mich ganz persönlich auch eine biblische Kernstelle meines Lebens.

Als ich vor mittlerweile 30 Jahren bei meiner Konfirmandenprüfung in einem kleinen Siegerländer Dorf auf die erste Frage des Heidelberger Katechismus zu antworten hatte, da tat ich das mit Furcht und Zittern und ohne viel Verständnis.

Was ist dein einziger Trost im Leben und im Sterben?
Dass ich mit Leib und Seele,
beides, im Leben und im Sterben, nicht mein,
sondern meines getreuen Heilands
Jesu Christi eigen bin.

Das ist unverkennbar ein Echo, eine Resonanz auf Paulus, für mich Wegzehrung, Halt und eine Aufgabe fürs Leben: Lernen, was tröstet. Und die Erfahrungen beim Lernen mit anderen teilen, mit ihnen teilen.

In diesem Sinne bin ich und bleibe ich auch als ihr Pfarrer ein lebenslang Lernender, eben ein Konfirmand.

Und auch darüber – freue ich mich.

Der Friede Gottes, der höher ist als alle Vernunft, bewahre eure Herzen und Sinne in Jesus Christus.

Amen.

13.11.2016 – Vorletzter Sonntag des Kirchenjahres
Röm 8,18-25

Liebe Gemeinde!

Letztens schaute meine Frau mit verwundertem Blick um die Ecke und fragte mich mit besorgtem Unterton in der Stimme: „Was ist los?"

Und ich antwortete: „Wieso? Was soll los sein?" Daraufhin sie: „Du hast so laut geseufzt."

Wenn wir seufzen, dann tun wir dies oft unwillkürlich, ohne dass es uns selbst bewusst wird. „Seufzen" ist eins von diesen Worten, das nach dem klingt, was es bedeutet: „ach ja", „o je", „ne ne". Ein Kummer, etwas, was uns belastet, macht sich im Seufzen bemerkbar. Noch bevor wir Worte gefunden haben für das, was uns auf der Seele liegt, macht es sich schon Luft im Seufzen, tritt unbewusst nach außen. Seufzen entlastet die Seele und sollte darum nicht unterdrückt werden. Es tut gut, mal so richtig zu seufzen. Und es macht hörbar und spürbar, da liegt jemandem etwas auf der Seele.

Dann sind es oft andere, die fragen: „Was ist los?"

Oft ist diese besorgte Rückfrage dann der Anlass, sich selbst erstmal klarzumachen: Ja, was ist denn los? Was liegt mir denn auf der Seele?

Da gibt es tatsächlich so einiges.

Da ist das Ergebnis der Präsidentenwahl in den Vereinigten Staaten. Nie zuvor hat ein Kandidat so konsequent Hass gesät und die Menschen gegeneinander aufgebracht.

Ausgerechnet mit dieser Methode gewinnt er die Wahl.

Ausgerechnet an diesem Datum, dem Jahrestag des Mauerfalls 1989 in Berlin, gewinnt einer, der Mauern zwischen Staaten bauen will.

Ausgerechnet an diesem Datum, dem Gedenktag des Novemberpogroms 1938 in Nazideutschland, gewinnt einer, der Muslimen die Einreise in sein Land verbieten will.

Ausgerechnet in einer alten und ehrwürdigen Demokratie der Welt gewinnt ein Verächter der Demokratie die Wahl.

Heute, am Vorletzten Sonntag des Kirchenjahres, begehen wir als Bürgergesellschaft den Volkstrauertag. Wir gedenken der vielen Millionen Toten zweier Weltkriege und der Opfer von Gewaltherrschaft in allen Nationen.

Wir gedenken der Opfer, damit wir heute und in Zukunft in Frieden und Gerechtigkeit leben, in unserem Land und in den Beziehungen der Staaten untereinander.

Heute, am Vorletzten Sonntag des Kirchenjahres, kommen für uns als Gemeinde Jesu Christi auch letzte Themen in den Blick: Gottes Gericht über die Welt und unsere eigene Vergänglichkeit, die wir nicht nur am Ende unseres Lebens spüren, sondern überall dort, wo unsere Lebenskraft eingeschränkt ist. Wenn wir schwach oder krank sind, dann spüren wir besonders:

Unser Leben währt nicht ewig, sondern geht einmal zu Ende.

Ach ja, es gibt so viele Gründe zum Seufzen.

Gottlob sind diese Gründe nicht das einzige, was wir hier und heute benennen können. Paulus nennt uns auch Gründe zum Hoffen, ohne dabei das Seufzen zu übergehen. Hören sie, was er an die Gemeinde in Rom schrieb.

Ich lese aus dem Römerbrief im achten Kapitel:

18 Denn ich bin überzeugt, dass dieser Zeit Leiden nicht ins Gewicht fallen gegenüber der Herrlichkeit, die an uns offenbart werden soll. 19 Denn das ängstliche Harren der Kreatur wartet darauf, dass die Kinder Gottes offenbar werden. 20 Die Schöpfung ist ja unterworfen der Vergänglichkeit – ohne ihren Willen, sondern durch den, der sie unterworfen hat –, doch auf Hoffnung; 21 denn auch die Schöpfung wird frei werden von der Knechtschaft der Vergänglichkeit zu der herrlichen Freiheit der Kinder Gottes. 22

Denn wir wissen, dass die ganze Schöpfung bis zu diesem Augenblick seufzt und in Wehen liegt.

23 Nicht allein aber sie, sondern auch wir selbst, die wir den Geist als Erstlingsgabe haben, seufzen in uns selbst und sehnen uns nach der Kindschaft, der Erlösung unseres Leibes. 24 Denn wir sind gerettet auf Hoffnung hin. Die Hoffnung aber, die man sieht, ist nicht Hoffnung; denn wie kann man auf das hoffen, was man sieht? 25 Wenn wir aber auf das hoffen, was wir nicht sehen, so warten wir darauf in Geduld.

Paulus schrieb über die Hoffnung, aber er überging das Seufzen nicht. Im Gegenteil, er hörte und sah genau hin. Er hörte das Seufzen der Menschen, aber auch das der anderen Geschöpfe. „Wir wissen", schrieb Paulus, „dass die ganze Schöpfung bis zu diesem Augenblick seufzt und in Wehen liegt." (8,22)

Das Seufzen der Schöpfung – eine seltsame, auf den ersten Blick fremd anmutende Vorstellung.

Das Seufzen der Schöpfung ist vielleicht etwas schwerer wahrzunehmen als das Seufzen der Menschen. Aber ich kann mir darunter doch einiges vorstellen.

Wenn ich an Bilder aus der Massentierhaltung denke, an eingepferchte Hühner und Schweine, dann ist das Seufzen dieser Mitgeschöpfe förmlich zu spüren, manchmal sogar zu hören oder aber einfach in den stummen Blicken zu lesen.

Wenn ich an schmelzende Gletscher oder aussterbende Tier- und Pflanzenarten denke, dann sehe ich Wunden, die deutlich machen: nicht nur wir, sondern auch „die Schöpfung ist ja unterworfen der Vergänglichkeit" (8,20).

Zwischen den Menschen und den Tieren, ja in der gesamten Schöpfung gibt es also so etwas wie eine Gemeinschaft der Seufzenden. Eine Gemeinschaft derjenigen, die sterben müssen und doch leben wollen.

Ein, wie ich finde, schöner, aber auch etwas melancholisch stimmender Gedanke.

Der Theologe und Arzt Albert Schweitzer fing dieses Gefühl eines umfassenden Zusammenhangs zwischen allen Geschöpfen einmal in folgenden Worten ein:

„Die Flocke, die aus dem unendlichen Raum auf deine Hand fiel, dort glänzte, zuckte und starb – das bist du."

Wie alles, was lebt, müssen wir einmal sterben. Und doch ist Vergänglichkeit nicht alles, was über den Menschen und die Schöpfung zu sagen ist. Paulus sagte mehr. Für ihn äußert sich nämlich in unserem Seufzen nicht allein unsere Seele. Wir sind in uns selbst nicht allein. Denn „wir", so schrieb Paulus, „die wir den Geist … haben, seufzen in uns selbst und sehnen uns nach … der Erlösung unseres Leibes." (8,23)

Vergänglichkeit ist also nicht das einzige und nicht das letzte Wort über unserem Leben. Mag all' das, was uns belastet, was uns auf der Seele liegt, noch so schwer sein, in uns wirkt doch auch der Geist Gottes. Und dieser Geist Gottes entzündet Hoffnung und Sehnsucht in uns. Eine Sehnsucht nach Erlösung. Eine Hoffnung, die uns hilft zu leben.

Hoffnung ist, das lässt sich an vielen Beispielen belegen, ein Allerweltswort.

Wir können auf vieles hoffen. Auf gutes Wetter, auf Glück in der Liebe und Erfolg im Beruf. Auf das kleine Glück im Privaten oder Frieden und Gerechtigkeit in der Welt.

Hoffnung ist zwiespältig, auch das wissen wir alle. Hoffnung kann enttäuscht werden. So sehr hatten Unzählige in Deutschland und Europa gehofft, die Amerikaner würden sich bei ihrer Wahl anders entscheiden. So sehr hatte die Welt nach dem Fall der Mauer 1989 gehofft, mit dem Ende des Kalten Krieges sei das Ende des Krieges überhaupt gekommen.

Nichts davon hat sich erfüllt.

Manch einer neigt vielleicht in diesen Novembertagen dazu, alles nur noch grau in grau oder schwarz-weiß zu sehen. Soll doch die Welt zum

Teufel gehen, wir können ja doch nichts ändern, sagen sich vielleicht manche.

Doch wir, liebe Schwestern und Brüder, geben trotz allem das Hoffen nicht auf.

Wir wissen ja und können unumwunden zugeben, Hoffnung kann enttäuscht werden.

„Die Hoffnung aber, die man sieht", so wusste schon Paulus, „ist nicht Hoffnung; denn wie kann man auf das hoffen, was man sieht? Wenn wir aber auf das hoffen, was wir nicht sehen, so warten wir darauf in Geduld." (8,24 f.)

Es kommt also darauf an, auf das Richtige zu hoffen. Oder anders gesagt:

Es kommt darauf an, dass wir unsere Hoffnungen immer wieder neu ausrichten an dem, was Gott uns verheißt.

Es ist ja nichts dagegen zu sagen, dass wir auf dieses und jenes hoffen, auf gutes Wetter, auf Glück in der Liebe und Erfolg im Beruf.

Wichtig ist aber, dass wir uns nicht mit Haut und Haaren unseren eigenen Hoffnungen ausliefern. Enttäuschungen gehören zum Leben dazu und wenn sie eintreten, ist das Leben nicht vorbei.

Bleiben wir offen für die Wege, die Gott mit uns geht, mit uns persönlich, mit uns als Kirche, mit uns als Gesellschaft.

Denn wenn wir unsere Hoffnung auf Gott setzen, dann wächst in uns mit jedem Seufzer etwas heran, was unendlich wertvoll und doch in den Augen vieler Menschen sehr unscheinbar ist.

Ich meine die Geduld.

Geduld steht bei vielen Zeitgenossen nicht besonders hoch im Kurs. Wer geduldig ist, wird schnell für dumm oder schwach gehalten von denen, die immer voranpreschen.

Dennoch ist Geduld unerlässlich, wo immer etwas nachhaltig und auf Dauer geschehen soll.

Kinder beispielsweise können einen ja wirklich auf harte Geduldsproben stellen. Sie löchern einen mit Fragen und das nicht nur einmal, sondern immer und immer wieder. Als Erwachsene denken wir schnell: Nun ist aber mal gut. Ich hab die Frage doch beantwortet. Doch Kinder lernen durch Wiederholung und irgendwann, wenn wir ihre Fragen geduldig beantwortet haben, dann kommen sie auch zur Ruhe – bis zur nächsten Frage.

Wir blicken in diesen Tagen zurück auf 27 Jahre Mauerfall und 26 Jahre deutsche Einheit. Die staatliche Einheit herbeizuführen, ging vergleichsweise schnell. Die innere Einheit zu vollenden, bleibt eine Aufgabe.

Wo immer etwas nachhaltig und auf Dauer geschehen soll, brauchen wir Geduld.

Geduld, die auch Durststrecken aushält, die aushält, wenn nicht jeden Tag Erfolge zu feiern sind.

Solche Geduld ist eine Frucht des Glaubens, der sich an Gott hält, auf seine Verheißungen hofft.

Solche Geduld macht sensibel gegenüber dem Leiden von Menschen und Tieren, sie macht uns hellhörig für das Seufzen der Schöpfung, sie macht uns aber auch widerständig gegen Enttäuschungen und Rückschläge.

Weil sie weiß – mit den Worten von Dietrich Bonhoeffer: Es gibt erfülltes Leben trotz unerfüllter Wünsche.

Der Friede Gottes, der höher ist als alle Vernunft, bewahre eure Herzen und Sinne in Jesus Christus.

Amen.

04.12.2016 – Zweiter Advent 2016
Mt 24,1-14

Liebe Gemeinde!

Wir feiern heute den zweiten Advent. Ich weiß nicht, wie es Ihnen geht, aber ich tue mich noch schwer mit der Adventsstimmung. Es fällt ja gar nicht so leicht, sich wirklich einzulassen auf die Adventzeit und all' das, was sie mit sich bringt.

Denn der gerade erst hinter uns liegende November hat sich zum alljährlichen Fegefeuer entwickelt. Jahresabschlüsse müssen erstellt und Bilanzen gezogen werden. Parallel dazu laufen die Planungen für das nächste Jahr auf Hochtouren und bei all' dem sind wir – oft noch vor dem Totensonntag – plötzlich umgeben von Glühweinbuden und Plätzchenduft und der Forderung, uns jetzt endlich mal zu besinnen – worauf auch immer. Da fällt es verständlicherweise schwer, sich in adventlich-erhabene Stimmung zu versetzen.

Und dann auch noch das: ein Predigttext für den zweiten Adventssonntag, der von erhabener Stimmung und Besinnlichkeit so weit weg ist wie nur irgendwie möglich. Ein Text, der uns ganz im Gegenteil nur noch umso deutlicher hinweist auf die Welt, wie sie ist.

Ich lese aus dem Matthäusevangelium im 24. Kapitel die Verse 1-14.

1 Und Jesus ging aus dem Tempel fort und seine Jünger traten zu ihm und zeigten ihm die Gebäude des Tempels. 2 Er aber antwortete und sprach zu ihnen: Seht ihr nicht das alles? Wahrlich, ich sage euch: Es wird hier nicht ein Stein auf dem andern bleiben, der nicht zerbrochen werde.

3 Und als er auf dem Ölberg saß, traten seine Jünger zu ihm und sprachen, als sie allein waren: Sage uns, wann wird das geschehen? Und was wird das Zeichen sein für dein Kommen und für das Ende der Welt? 4 Jesus aber antwortete und sprach zu ihnen: Seht zu, dass euch nicht jemand verführe. 5 Denn es werden viele kommen unter meinem Namen und sagen: Ich bin der Christus, und sie werden viele verführen. 6 Ihr werdet hören von Kriegen und Kriegsgeschrei; seht zu und erschreckt nicht. Denn es muss geschehen. Aber es ist noch nicht das Ende. 7 Denn es wird sich ein Volk gegen das andere erheben und ein Königreich gegen das andere; und es werden Hungersnöte sein und Erdbeben hier und dort. 8 Das alles aber ist der Anfang der Wehen.

9 Dann werden sie euch der Bedrängnis überantworten und euch töten. Und ihr werdet gehasst werden um meines Namens willen von allen Völkern. 10 Dann werden viele zu Fall kommen und werden sich untereinander verraten und sich untereinander hassen. 11 Und es werden sich viele falsche Propheten erheben und werden viele

verführen. 12 Und weil die Missachtung des Gesetzes überhandnehmen wird, wird die Liebe in vielen erkalten. 13 Wer aber beharrt bis ans Ende, der wird selig. 14 Und es wird gepredigt werden dies Evangelium vom Reich in der ganzen Welt zum Zeugnis für alle Völker, und dann wird das Ende kommen.

Soweit der Ausschnitt aus dem 14. Kapitel des Matthäusevangeliums. Ein Text, der von erhabener Stimmung und Besinnlichkeit so weit weg ist wie nur irgendwie möglich. Der Beginn einer Rede Jesu an seine Jünger.

Jesus war mit seinen Jüngern in Jerusalem und der Konflikt zwischen ihm und den religiösen Autoritäten dort hatte sich bereits zuvor zugespitzt.

Drei Kapitel vorher erzählt Matthäus von der Tempelreinigung. Ein Kapitel vorher wird erzählt, wie Jesus den Schriftgelehrten und Pharisäern vorwarf, sie seien Heuchler und blinde Führer.

Die Rede Jesu lenkt unseren Blick auf den Tempel. „Es wird hier nicht ein Stein auf dem anderen bleiben", sagte Jesus seinen Jüngern, die das Bauwerk bewundert hatten, über den Tempel. Damit kündigte Jesus nichts Geringeres an als den Verlust des zentralen religiösen Standorts von Juden und frühen Christen.

Doch damit ließ Jesus es keineswegs bewenden. Als er und seine Jünger auf dem Ölberg waren, da wollten die Jünger von ihm wissen: „Was wird das Zeichen sein für dein Kommen und für das Ende der Welt?" Sie mussten so fragen, weil aus ihrer Sicht eine Welt ohne Tempel gar nicht vorstellbar war. Würde der Tempel zerstört werden, so wäre dies das Ende der Welt.

Und dann, auf ihre Frage hin, eröffnete Jesus den Jüngern ein Panorama des Schreckens: Es werden Verführer auftreten und Erfolg haben, auch unter den Christen. Es wird Krieg geben. Völker und Imperien werden gegeneinander kämpfen. Hungersnöte und Erdbeben werden die Menschen in Angst und Schrecken versetzen. Die Christen werden verfolgt werden und sie werden unter dem Druck dieser Verfolgung beginnen, einander ans Messer zu liefern. Und als wäre all' das nicht genug, sagte Jesus voraus: „Weil die Missachtung des Gesetzes überhandnehmen wird, wird die Liebe in vielen erkalten." (12)

Ein furchterregendes Panorama des Schreckens, eine bedrückend erschöpfende Antwort auf die Frage nach dem Ende der Welt. Ich stelle mir vor, wie die Jünger unter der Wucht der Antwort Jesu immer kleiner geworden sind, wie sie förmlich in sich zusammengesackt sein müssen. Wer sollte auch mit dieser Aussicht auf das Ende vergnügt, erlöst, befreit leben können?

Doch dann, am Ende der Rede Jesu noch einmal eine überraschende Wende.

Es wird so geschehen, sagte Jesus seinen Jüngern, „aber es ist noch nicht das Ende" (6) der Welt. Das Ende der Welt kommt erst dann, wenn das Evangelium vom Reich Gottes in der ganzen Welt verkündigt worden ist.

Das bedeutet: Das entscheidende Zeichen für das Ende und vor dem Ende der Welt ist kein Schreckenszeichen, sondern ein Zeichen des Friedens:

die gute Nachricht von der freien Gnade Gottes für alle Menschen.

Der Sinn der Rede erschließt sich also erst von ihrem Ende her.

Den entscheidenden Satz stellte Jesus nämlich an den Schluss seiner Rede:

„Wer aber beharrt bis ans Ende, der wird selig." (13)

Mit anderen Worten: Wer sich von all' dem, was an Furchtbarem in der Welt geschehen ist und noch geschehen wird, nicht den Glauben und die Liebe nehmen lässt, wer trotz allem beharrlich dabei bleibt, beharrlich in Hoffnung und Geduld, der wird selig werden.

Er will seine Jünger trösten und ermutigen, indem er ihnen vor Augen führt:

Weder die Zerstörung des Tempels noch Kriege und Naturkatastrophen, weder Verfolgung noch Verrat werden etwas daran ändern, dass Gott sein Reich herbeiführt, dass Gott seine Schöpfung am Ende erlöst und befreit.

Gott lässt sich von den Mächten dieser Welt nicht das Heft aus der Hand nehmen.

Das bedeutet auch: Gott führt das Werk seiner Schöpfung zu einem guten Ende.

Und wenn es noch nicht gut ist, dann ist es auch noch nicht das Ende.

Im Grunde hält Jesus also eine Durchhalte-Rede. Mit einem modernen Wort könnte man auch sagen: Er hält eine apokalyptische Rede.

In einer Apokalypse wird den Leidenden und Machtlosen gesagt: Es kommt schlimm. Aber wenn ihr denkt, jetzt geht es nicht mehr, jetzt ist alles zu Ende, dann kommt die Wende zum Guten, dann tritt Gott auf den Plan, euer Retter.

Solche Apokalypsen, die es auch außerhalb der Bibel gibt, sind uns vor allem aus Krisenzeiten überliefert. Sie sind ein ausgesprochenes Krisenphänomen. In der Krise fragen Menschen nach Hoffnung, wollen sich vergewissern, wozu und wie es weitergeht.

Im religiösen Zusammenhang steht dabei immer die Hoffnung im Vordergrund:

Gott kommt und wird uns retten.

Gott wird die Welt erlösen, darum lohnt sich Beharrlichkeit, darum halten wir den Glauben fest und richten uns nach Gottes Gebot, auch wenn kein anderer mehr dies tut.

Doch Apokalypsen gibt es nicht nur im religiösen Zusammenhang. Längst gibt es sie auch in Politik und Gesellschaft. Dort geht es dann allerdings nicht um Gott als Retter. Apokalyptik in der Politik funktioniert so: Man macht den Menschen erst richtig viel Angst und präsentiert sich ihnen dann als Retter, als der starke Mann oder die starke Frau. So funktioniert Verführung von Menschen. Die einen lassen sich sehr leicht ängstigen und die anderen empfinden sogar eine Lust dabei, sich mit dem Untergang zu beschäftigen, sind fasziniert von Fantasien, die sich mit dem Niedergang beschäftigen.

Der sprichwörtlich gewordene „Untergang des Abendlandes" ist eine Erfindung des unseligen Philosophen Oswald Spengler, dessen gleichnamiges Buch nach dem Ersten Weltkrieg erschien.

Bis heute gibt es seine geistigen Enkel und Urenkel, die sich vom Untergang faszinieren lassen. Da sind auf der einen Seite die selbst ernannten Patrioten, die gegen eine angebliche Islamisierung des Abendlandes zu Felde ziehen, und auf der anderen Seite stehen ihnen Islamisten gegenüber, die vom tatsächlich vom Untergang des Abendlands träumen, um ihre eigene Welt zu errichten.

Beide Gruppen sind einander geistig sehr nah, weil beide davon träumen, die Welt, wie sie ist, erst einmal in Trümmer zu legen, um auf den Trümmern der alten Welt ganz neu anzufangen. Die einen wollen die politischen und gesellschaftlichen Institutionen zerstören, Parteien und Medien, die anderen wollen gleich ganze Städte in Schutt und Asche legen. Ihre Botschaft lautet:

Die alte Welt muss weg, alles muss ganz anders werden, damit es gut werden kann.

Diese dunkle und zerstörerische Hoffnung ist gerade sehr in Mode gekommen.

Dagegen möchte ich mit den Worten des polnischen Aphoristikers Stanislaw Jerzy Lec sagen: „Erwartet euch nicht zuviel vom Weltuntergang." (1977)

Als Christen fürchten wir uns nicht vor dem Ende, aber wir hoffen auch nicht darauf, sondern wir hoffen auf Gottes Wirken an der Welt und in der Welt.

Das ist ja die Botschaft des Advents:

Gott kommt und mischt sich ein in die Angelegenheiten der Menschen und der Welt. Er lässt die Welt nicht zum Teufel gehen und darum tun wir es auch nicht.

Er schenkt uns neue Anfänge, ohne dass wir zuvor das Alte zerstören müssten.

Denn neben all' dem, was uns täglich vor Augen führt, wie unerlöst die Welt noch ist, gibt es doch auch Zeichen der Hoffnung, die uns stärken, die uns Mut und Orientierung geben auf unserem Weg.

Wir haben das Evangelium, die gute Nachricht vom Kommen Gottes in die Welt.

Wir haben als Schwestern und Brüder Christi eine Gemeinschaft, die in Liebe verbunden ist, die Liebe übt gegenüber dem Geringsten und Schwächsten unter uns.

Darum heulen wir nicht mit den Wölfen, stoßen nicht ins gleiche Horn mit denen, die alles nur schlecht machen oder schwarzsehen.

„Wer … beharrt bis ans Ende, der wird selig." (13)

Wir beharren auf dem Glauben an Gott, der uns erwählt und geschaffen hat, der uns beruft zu einem Leben an seiner Seite, der uns leitet und begleitet auf unserem Weg.

Dieser Glaube ist unsere Stärke.

Denn: Er hält das Feuer der Hoffnung und der Liebe in uns am Leben.

Ich weiß, es ist in diesen Tagen schwierig geworden, sich überhaupt für ein moralisches Leben zu entscheiden. In einer Zeit, in der ein notorischer Lügner den mächtigsten Job der Welt ergattert, kommen wir in arge Bedrängnis, wenn unsere Kinder uns fragen, warum sie die Wahrheit sagen sollen.

Was Jesus damals seinen Jüngern sagte, ist ja nicht von der Hand zu weisen:

Wenn die Missachtung des Gesetzes überhandnimmt, erkaltet die Liebe in vielen.

Doch wir machen uns nicht abhängig von schlechten Vorbildern, und seien sie noch so mächtig! Wir besinnen uns auf Gott, auf sein Gebot und seine Verheißung, und bleiben beharrlich bei dem, was uns am Leben hält und Orientierung gibt.

Das gilt wie für den Einzelnen so auch für uns als Gesellschaft.

Wir tun gut daran, uns von dem apokalyptischen Fieber, das in Teilen unserer Gesellschaft grassiert, nicht anstecken zu lassen.

Wir besinnen uns auf die Stärke unserer Verfassung, auf Demokratie und Rechtsstaat, und bleiben beharrlich bei dem, was Frieden und Gerechtigkeit in unserem Land sichert.

Wir haben also – ob wir in Adventsstimmung sind oder nicht – an diesem zweiten Advent Grund zur Hoffnung, denn unser Gott kommt.

Gott kommt und schafft etwas, wonach wir uns seit Kindestagen sehnen:

Gott schafft uns mit seiner Liebe eine Heimat.

Einen Ort, an dem wir uns bergen und unser Leben befestigen können.

Die Dichterin Mascha Kaléko hat diese Heimat Liebe so beschrieben:

Die Frühen Jahre
Ausgesetzt
In einer Barke von Nacht
Trieb ich
Und trieb an ein Ufer.
An Wolken lehnte ich gegen den Regen.
An Sandhügeln gegen den wütenden Wind.
Auf nichts war Verlaß.
Nur auf Wunder.
Ich aß die grünenden Früchte der Sehnsucht,
Trank von dem Wasser, das dürsten macht.
Ein Fremdling, stumm vor unerschlossenen
Zonen,
Fror ich mich durch die finsteren Jahre.
Zur Heimat erkor ich mir die Liebe.

Amen.

25.12.2016 – Erster Weihnachtstag
Micha 5,1-4a

Liebe Gemeinde!
„Fröhlich soll mein Herze springen", so haben wir eben gesungen, denn: „Christus ist geboren." Und doch fällt ein Schatten der Trauer über dieses Weihnachtsfest.

Sechs Tage sind vergangen, seit ein LKW in den Weihnachtsmarkt an der Gedächtniskirche in Berlin gesteuert wurde, zwölf Menschen tötete und viele mehr verletzte. Vieles an dieser Tat ist noch unklar und bedarf der weiteren Aufklärung.

Doch eines ist schon jetzt klar: Der 19.12.2016 wird uns wohl in Erinnerung bleiben als ein Tag, an dem die Gewalt an einem Ort des Friedens ausbrach. Auf einem Weihnachtsmarkt, wo Menschen in der letzten Adventswoche friedlich und fröhlich zusammen waren. An der Gedächtniskirche mit ihrem im Zweiten Weltkrieg zerbombten Kirchturm, einem Mahnmal, das zeigt, wohin Gewalt führt, wenn sie zügellos wird.

Gewalt und Unfrieden spüren wir umso deutlicher, wenn wir die alte Friedensverheißung aus dem Buch des Propheten Micha hören.

Im fünften Kapitel heißt es:

1 Und du, Bethlehem Efrata, die du klein bist unter den Tausenden in Juda, aus dir soll mir der

52

kommen, der in Israel Herr sei, dessen Ausgang von Anfang und von Ewigkeit her gewesen ist. 2 Indes lässt er sie plagen bis auf die Zeit, dass die, welche gebären soll, geboren hat. Da wird dann der Rest seiner Brüder wiederkommen zu den Israeliten. 3 Er aber wird auftreten und sie weiden in der Kraft des HERRN und in der Hoheit des Namens des HERRN, seines Gottes. Und sie werden sicher wohnen; denn er wird zur selben Zeit herrlich werden bis an die Enden der Erde. 4 Und er wird der Friede sein.

Dem Volk Israel wird ein Herrscher verheißen, der das Volk sammelt, der Einheit und Frieden gewährleistet. Eine Verheißung, die in der Zusage an die Menschen gipfelt: „Sie werden sicher wohnen." (3)

Wer Unsicherheit in seinem Leben erlebt hat, der kann ermessen, was diese Zusage bedeutet. Einen Ort finden, wo man sicher wohnen kann, das wünschten sich diejenigen, die in den Jahren 1945 bis 1952 aus dem Osten flohen und über Walternienburg oder Wipperfürth ins Rheinland kamen. Das wünschten sich auch diejenigen, die 2015 aus Syrien über die Balkanroute nach Deutschland kamen. Sicher wohnen können, das wünschen auch wir uns Weihnachten 2016.

Wir Deutschen sind heute eine Gesellschaft, die mit Heldentum im Krieg und militärischen

Abenteuern mehrheitlich nichts mehr anfangen kann. Das ist gut so und eine Lektion, die wir aus unserer Geschichte gelernt haben. Umso verstörender ist, dass Gewalt heute in ganz anderer Form zu uns kommt. Heute ist es nicht mehr ein großer Krieg zwischen Staaten, vor dem wir uns fürchten, sondern der Terror, der die Gewalt von weit her in unsere Welt trägt. Gewalt, die sich ihre Opfer wie aus dem Nichts sucht und darum unser Sicherheitsgefühl umso nachhaltiger zerstört.

Die Reaktionen darauf waren in der vergangenen Woche denkbar unterschiedlich. Da wurde einerseits ein trostloses Weiter-So empfohlen. Wir lassen uns nicht unterkriegen und halten an unserem Lebensstil fest.

Andererseits Schuldzuweisungen an die Adresse von Flüchtlingen und Flüchtlingspolitik, als könnte ein Sündenbock die Wunde der Unsicherheit heilen helfen.

Daneben aber auch die Klage und der Wunsch, das Erschrecken in Gottesdiensten und Andachten vor Gott zu bringen. Ich glaube auch: Es ist gut und heilsam, wenn wir unseren Schmerz und unsere Klage vor Gott bringen.

Wir wollen sicher wohnen. Und wenn Unsicherheit zum beherrschenden Lebensgefühl wird, dann helfen keine Appelle und keine Durchhalteparolen.

Dann ist vielmehr die Zeit der Klage und des Gebets gekommen.

Wir beklagen die Menschen, die ihr Leben am 19.12. sinnlos verloren haben, deren Opfer durch keinen politischen Zweck nachträglich geheiligt werden kann.

Wir beklagen die an Leib und Seele Verletzten, die aus ihrem Leben gerissen wurden und sich nun mühsam wieder zurechtfinden müssen.

Wir beklagen aber auch den Verlust an Leichtigkeit und Sorglosigkeit, den wir erlitten haben. Sich auf unseren Straßen und Plätzen nicht besorgt umsehen zu müssen, das ist ein Wert, den wir hoffentlich bald wieder genießen dürfen.

Mitten in diese Zeit der Klage bricht nun die Zeit des Festes! Wir feiern Weihnachten!

Damit halten wir fest: Jetzt beginnt die fröhliche, selige, Gnaden bringende Weihnachtszeit. Und sie beginnt, nicht etwa weil wir uns zu einem gleichsam heldenhaften Stimmungsumschwung entschließen würden, sondern sie beginnt, weil Gott handelt.

In der tiefsten Nacht leuchtet der Stern der Weihnacht auf.

In der Zeit der Klage bricht der Jubel der Engel an.

In der Zeit des Terrors kommt der zur Welt, von dem der Epheserbrief bekennt:

„Er ist unser Friede." (Eph 2,14)

In genau dieser Spannung leben wir als Christen.

Wir hören die Verheißung: „Er wird der Friede sein". Und wir schauen auf Christus und bekennen: „Er ist unser Friede."

Was Gott verheißen hat, erfüllt sich, wo wir in Christus verbunden sind.

In ihm hat der Friede Gottes Gestalt angenommen.

In ihm wird die Feindschaft zwischen Menschen machtlos.

In ihm geschieht Versöhnung.

In Christus stehen uns, seiner Gemeinde, Wege des Friedens offen, auch wenn die Gewalt noch so mächtig scheint. Es ist ja naheliegend und verführerisch, im Angesicht der Gewalt auf Gegengewalt zu setzen.

Doch wir lassen uns vom Hass nicht zum Hass verführen!

Weil Christus unser Friede ist.

Er herrscht „in der Kraft des Herrn" (Micha 5,3), er stiftet Frieden ohne Gewalt.

Wir haben uns daran gewöhnt, dass Frieden und Sicherheit in einem Atemzug mit Geheimdienst und Militär genannt werden. Wir erwarten Frieden und Sicherheit durch die Stärke unserer eigenen Mittel, durch verstärke Videoüberwachung und Vorratsdatenspeicherung.

Über deren Berechtigung und Wirksamkeit will ich hier nicht urteilen.

Aber: Vergessen wir nicht, dass Gott seine eigenen Mittel und Wege hat, die Feindschaft zu besiegen.

Christus selbst ist dieser Weg des Friedens in Person. Er ist unser Friede.

In seiner Nachfolge finden auch wir Wege des Friedens, die mindestens genauso wirksam sind wie die unserer Sicherheitsbehörden.

Die katholische Laiengemeinschaft Sant'Egidio setzt sich für Frieden und Gerechtigkeit überall auf der Welt ein. Sie wurde in der Vergangenheit schon oft als Moderatorin bei zahlreichen internationalen Friedensverhandlungen eingesetzt.

Ihr bedeutendster Erfolg war 1992 die Vermittlung des Friedensvertrags für Mosambik, der einen 16-jährigen Bürgerkrieg beendete.

Sant'Egidio arbeitet auf die sanfte Tour, mit den gewaltlosen Mitteln der Nachfolge Christi: mit dem Wort Gottes und Gebet, mit Anteilnahme am Leben und am Leiden der Anderen, mit Begegnung und Dialog.

Gewaltlos, aber nicht machtlos sind diese Mittel.

Wie gut sie wirken, haben wir Deutschen ja auch schon erlebt.

Als sich am 9. Oktober 1989 nach dem Friedensgebet in der Leipziger Nikolaikirche Demonstranten und bewaffnete Einsatzkräfte der DDR in der Innenstadt gegenüberstanden, da waren es auch die Gottesdienstbesucher des Friedensgebets in der Nikolaikirche, die besonderen Anteil an der Entschärfung der Situation hatten.

Sie verließen die Kirche mit brennenden Kerzen und dem Ruf „Keine Gewalt!".

In den Wochen darauf gab es auch bei weiteren Demonstrationen nicht nur keine Gewalt, sondern es gab immer wieder Begegnungen und Dialoge zwischen den Herrschenden aus Staat und Partei und den Demonstranten.

Am Ende stand eine friedliche Revolution, die ohne einen Tropfen vergossenen Blutes geschah – weit mehr als eine bloße „Wende".

Christus, dessen Geburt wir heute feiern: „Er ist" schon jetzt „unser Friede"!

Wenn wir gleich miteinander Abendmahl feiern, dann ist schon das unter den Bedingungen dieser Welt eine friedliche Revolution.

Menschen, die vieles trennt, kommen zusammen, weil sie eins verbindet:

Wir sind Teil des Leibes Christi und Christus kommt zu uns mit der Kraft seiner Versöhnung.

Wir lassen hinter uns, was uns trennt.

Wir schauen uns an als Schwestern und Brüder.

Dann beginnt hier und jetzt eine neue Zeit, die Gnaden bringende Weihnachszeit.

Sie bricht an, nicht nur für die sowieso schon Fröhlichen, sondern für alle.

Auch für die, die heute – warum auch immer – traurig sind und denen doch Freude und Frieden verheißen sind.

Mit den Worten des nächsten Liedes (Helmut Barbe 1954, EG 55):

O Bethlehem, du kleine Stadt,
wie stille liegst du hier,
du schläfst und goldne Sternelein
ziehn leise über dir.
Doch in den dunklen Gassen
das ewge Licht heut scheint
für alle, die da traurig sind
und die zuvor geweint.

Amen.

18.12.2016 – Vierter Advent
Lk 1,26-38

Liebe Gemeinde!
Ich liebe den Advent, auch und gerade deshalb, weil die Lieder so toll sind.

Allen anderen voran das erhabene „Macht hoch die Tür" mit dem Herrn der Herrlichkeit und seinem Gefährt, der Sanftmütigkeit. Aber auch das kindlich-fromme „Wir sagen euch an den lieben Advent" mit seiner kirchenjahrespädagogischen Kerzenzählung gefällt mir sehr gut.

Doch ein Lied überragt sie alle, es ist, mit den Worten Dietrich Bonhoeffers, „das leidenschaftlichste, wildeste, ja man möchte fast sagen revolutionärste Adventslied, das je gesungen wurde"[1].

Wir selbst haben dieses Lied heute nicht gesungen, aber in der Schriftlesung schon gehört: das Magnificat, den Lobgesang der Maria.

Ein tatsächlich wildes, revolutionäres Adventslied. Nicht etwa, weil es uns zur Revolution auffordern würde. Es ist kein Ruf auf die Barrikaden, wohl aber eine klare Ansage. Wenn Gott kommt – und er kommt –, dann wird die Welt auf den Kopf gestellt: die Überheblichen werden in ihre Schranken gewiesen und die Mächtigen entthront. Die Niedrigen aber werden erhöht und die Hungrigen gesättigt.

Immer wieder ist dies auch tatsächlich schon geschehen. Seltsamerweise jedoch lässt sich diese

Revolution nicht auf Dauer stellen. Die ganz große Wende zu einer endgültig gerechten Welt steht noch aus. Das spüren wir jeden Tag. Es gibt also auch in diesem Advent noch viel zu hoffen.

Doch wie kam es überhaupt dazu, dass eine junge Frau aus Galiläa ein derartiges Lied anstimmen konnte? Machen wir also eine Rückblende und hören die Geschichte der Maria vor ihrem Lobgesang, wie sie Lukas im ersten Kapitel erzählt:

26 Und im sechsten Monat wurde der Engel Gabriel von Gott gesandt in eine Stadt in Galiläa, die heißt Nazareth, 27 zu einer Jungfrau, die vertraut war einem Mann mit Namen Josef vom Hause David; und die Jungfrau hieß Maria. 28 Und der Engel kam zu ihr hinein und sprach: Sei gegrüßt, du Begnadete! Der Herr ist mit dir! 29 Sie aber erschrak über die Rede und dachte: Welch ein Gruß ist das? 30 Und der Engel sprach zu ihr: Fürchte dich nicht, Maria! Du hast Gnade bei Gott gefunden. 31 Siehe, du wirst schwanger werden und einen Sohn gebären, dem sollst du den Namen Jesus geben. 32 Der wird groß sein und Sohn des Höchsten genannt werden; und Gott der Herr wird ihm den Thron seines Vaters David geben, 33 und er wird König sein über das Haus Jakob in Ewigkeit, und sein Reich wird kein Ende haben.

34 Da sprach Maria zu dem Engel: Wie soll das zugehen, da ich doch von keinem Manne weiß? 35 Der Engel antwortete und sprach zu ihr: Der Heilige Geist wird über dich kommen, und die Kraft des Höchsten wird dich überschatten; darum wird auch das Heilige, das geboren wird, Gottes Sohn genannt werden. 36 Und siehe, Elisabeth, deine Verwandte, ist auch schwanger mit einem Sohn, in ihrem Alter, und ist jetzt im sechsten Monat, sie, von der man sagt, dass sie unfruchtbar sei. 37 Denn bei Gott ist kein Ding unmöglich. 38 Maria aber sprach: Siehe, ich bin des Herrn Magd; mir geschehe, wie du gesagt hast. Und der Engel schied von ihr.

Wen sehen wir in dieser Rückblende? Sehen wir hier schon die junge Frau mit ihrem Revolutionslied? Oder nicht doch eher jene verträumt in die Weite schauende Heilige mit Glorienschein, die mit zaghaft erhobener Hand den Gruß des Engels Gabriel erwidert? So malte sie Leonardo da Vinci in seiner Darstellung der Verkündigungsszene Ende des 15. Jahrhunderts.

Zwei vollkommen verschiedene Marienbilder und damit auch zwei vollkommen verschiedene Frauenbilder. Dabei müsste man genauer sagen: Mindestens zwei verschiedene Marien- und Frauenbilder, denn die Maria ist ja nicht nur die vielleicht am häufigste dargestellte Frau der Kunstgeschichte, sondern zugleich Objekt steilster theologischer Spekulationen.

Maria, eben nicht nur eine junge Frau aus Galiläa, sondern im Laufe der Kirchengeschichte darüber hinaus Mutter Gottes, Gottesgebärerin, ewige Jungfrau, in den Himmel aufgefahren, Adressatin so vieler Gebete und Sehnsüchte.

Wen haben wir vor Augen, wenn wir von Maria hören?

Als evangelische Christen nähern wir uns Maria meist nur vorsichtig. Zu fremd sind viele der Darstellungen und religiösen Praktiken im Zusammenhang mit Maria.

Als vor etwa einem Jahr die große Ausstellung mit Bildern des spanischen Malers Francisco de Zurbarán im Museum Kunstpalast stattfand, habe ich mir die vielen Marienbildnisse aus dem 17. Jahrhundert angesehen, und ich muss gestehen, ich habe dabei nichts empfunden, außer Fremdheit.

Wer ist also diese Maria, diese so intensiv bedachte und gemalte Frau, die hinter all diesen Bildern und Gedanken förmlich verschwindet?

Angesichts dieser Verlegenheit ist der typisch evangelische Reflex zu sagen:

Maria hat für uns eigentlich keine Bedeutung. Und doch werden wir sie nicht los.

Von ihr wird ja nicht nur in der Bibel erzählt, sondern auch im Glaubenskenntnis spielt sie eine Rolle.

Wir bekennen von Jesus, er sei „geboren von der Jungfrau Maria".

Nun ist es ja so, dass wir manchen Satz im Glaubensbekenntnis vielleicht ein bisschen leiser sprechen, weil er uns nicht so ganz geheuer ist.

Für viele gehört sicherlich die Jungfrau Maria dazu.

Trotzdem lohnt sich ein zweiter Blick auf die Maria.

Allerdings meine ich auch:

Maria muss schlanker werden.

Maria muss einige der Kleidungsschichten aus religiöser Phantasie und dogmatischer Überhöhung ablegen, damit sie wieder sichtbar wird als die junge Frau aus Galiläa, von der die Bibel erzählt.

Maria war eine junge, wahrscheinlich sehr junge Frau, als sie von ihrem Vater dem Josef, einem Bauhandwerker, zur Ehe versprochen wurde. Damit war sie rechtlich unmündig und sollte es als bald verheiratete Frau nach geltendem Recht auch für den Rest ihres Lebens bleiben.

Dass sie in diesem Status Jungfrau war, versteht sich eigentlich von selbst.

Dann der Engel Gabriel, er grüßte Maria. Ein erster Bruch mit den moralischen Konventionen der Zeit: Ein Mann grüßte nicht einfach so eine junge Frau.

„Welch ein Gruß ist das?", dachte Maria und erschrak, wie es sich für eine anständige junge Frau gehörte.

Die Botschaft des Engels wird wenig zu Marias Beruhigung beigetragen haben:

Gott hat bestimmt, dass du schwanger wirst und einen Sohn zur Welt bringst. Dessen Name und Aufgabe steht auch schon fest:

Er soll Jesus heißen und wird König werden.

Doch Maria, nun weit davon entfernt, jenes sanfte, verträumte und entrückte himmlische Wesen der klassischen Malerei zu sein, Maria fing an zu diskutieren. Sie hinterfragte die Botschaft Gabriels und verließ sich dabei, uns heute sehr nah, ganz auf ihren Verstand:

„Wie soll das zugehen, da ich doch von keinem Manne weiß?"

Ohne Sex keine Schwangerschaft, das war auch Maria bekannt und klingt vernünftig.

Die Antwort des Engels Gabriel ist hinlänglich bekannt.

Maria war Jungfrau und sollte trotzdem schwanger werden. So weit so unklar.

Es gibt wohl wenige Passagen der Bibel, die so gründlich missverstanden wurden wie diese und darum viele Menschen daran hindern, den christlichen Glauben ernst zu nehmen.

Um es ganz deutlich zu sagen:

Die Geschichte von der Jungfrauengeburt ist ein Mythos.

Allerdings ein ernstzunehmender Mythos.

Damit meine ich:

Es gab eine Zeit, in der wir in den aufgeklärten Gesellschaften Europas meinten, alle Mythen einfach abschaffen zu können. Die Idee war: Wir Menschen sind vernünftig, wir wissen das auch, und wir brauchen keine Geschichten mehr, die uns etwas erzählen, was jenseits der Grenzen unserer Vernunft liegt.

Diese Überzeugung ist brüchig geworden.

Das 20. Jahrhundert mit zwei Weltkriegen hat meinen Glauben daran, dass wir Menschen uns durchgängig vernünftig und erwachsen verhalten, massiv erschüttert.

Ich glaube vielmehr:

Wir verhalten uns nicht nur notorisch unvernünftig, sondern wir brauchen Geschichten, die jenseits unserer Vernunft gründen. Wir brauchen Mythen, die unsere Vernunft in ihren so offensichtlichen Grenzen menschlich machen.

Wir brauchen nicht die Abschaffung des Mythos, sondern die „Arbeit am Mythos"[2]. Damit meine ich: Wir müssen verstehen, was die Mythen uns sagen, damit sie uns helfen zu leben.

Was heißt aber jetzt Arbeit am Mythos Jungfrauengeburt?

Für mich heißt das: Ganz genau hinschauen, was eigentlich erzählt wird.

Der Engel sprach zu Maria: „Der Heilige Geist wird über dich kommen, und die Kraft des Höchsten wird dich überschatten; darum wird auch das Heilige, das geboren wird, Gottes Sohn genannt werden." (35)

Die Vorgänge, die zu dieser eigenartigen Schwangerschaft führen, bleiben verschwommen. Ich behaupte: absichtsvoll verschwommen, weil es auf sie gar nicht ankommt. Worauf es aber sehr wohl ankommt, ist dies:

Jesus und Gott sind einander in einzigartiger, in unüberbietbarer Weise nah.

Diese Nähe bestand schon, bevor Jesus auf die Welt kam, sie zeigte sich in seinem Leben und Sterben und sie dauert fort, heute und für immer.

Und noch etwas, worauf es ankommt:

Das Heilige wird geboren!

Fragen sie mal Menschen auf der Straße, was ihnen heilig ist.

Ich habe mal Konfirmandinnen und Konfirmanden mit dieser Frage in eine Düsseldorfer Fußgängerzone geschickt. Die Antworten der Passanten waren aufschlussreich.

Es ist keineswegs so, dass die Menschen mit dem Heiligen gar nichts mehr anfangen könnten. Die meisten denken kurz nach und schauen dabei nach oben, sie heben ihre Augen zum Himmel und suchen oben nach dem Heiligen. Sie suchen etwas Göttliches, etwas Vollkommenes oder Absolutes. Sie suchen in jedem Falle etwas Hohes. Und wem „das da oben" alles zu sphärisch oder zu ungreifbar ist, der hält sich an die irdischen Heiligtümer, an Geld und Macht.

Die revolutionäre, welterneuernde Botschaft des Engels lautet:

Das Heilige wird geboren!

Mit anderen Worten:

Das Heilige, der ewige Gott, kam zu Maria, kommt zu uns und will sich in uns verkörpern. Gott braucht unseren Körper, unser irdisches Leben, um in seiner Welt anzukommen. Die Art und Weise, wie Gott in dieser Welt da sein will, ansprechbar sein will, ist körperlich. Und darum sind unsere Körper nicht nur der Sitz unseres Verstandes und unserer Seele, sondern auch der Sitz Gottes in der Welt.

Wir haben die Möglichkeit, das Heilige in der Welt zu verkörpern.

Wir haben damit als Menschen eben nicht nur jene andere, abgründige Möglichkeit, das Böse zu verkörpern, sondern eben gerade und vor allem: das Heilige, das Gute und Heilsame füreinander und für die Welt.

Das meint der Mythos Jungfrauengeburt:

Wir können das Heilige verkörpern. Der ewige Gott wird leiblich in und mit uns.

Da liegt natürlich jetzt sofort die Frage sehr nahe, die Paul Gerhardt in seinem Adventschoral bedacht hat: „Wie soll ich dich empfangen?" (EG 11)
Wie soll das gehen, dass wir das Heilige in der Welt verkörpern?
Sind wir nicht alle miteinander dafür zu schwach, zu müde, zu krank, zu beschäftigt, zu verzweifelt, zu … was auch immer?

Die Antwort Gabriels finde ich ermutigend:
„Bei Gott ist kein Ding unmöglich."

Und, es kommt nicht auf unsere Leistung an, wohl aber auf unsere Bereitschaft. Darauf, dass wir uns einlassen auf Gottes Kommen zu uns.

Mit den Worten Paul Gerhardts:

Ihr dürft euch nicht bemühen
noch sorgen Tag und Nacht,
wie ihr ihn wollet ziehen
mit eures Armes Macht.
Er kommt, er kommt mit Willen,
ist voller Lieb und Lust,
all Angst und Not zu stillen,
die ihm an euch bewusst.   Amen.

22.01.2017 – Dritter Sonntag nach Epiphanias
Joh 4,46-54

Liebe Gemeinde!

Nach welchen Gesichtspunkten wählen sie eigentlich ihren Hausarzt oder ihre Hausärztin aus? Diese Frage stellt sich ja immer wieder einmal, beispielsweise bei einem Umzug. Sie ziehen in eine neue Stadt oder auch nur in einen anderen Stadtteil und haben dann die Qual der Wahl. Soll ich bei meiner alten Hausärztin bleiben, obwohl ihre Praxis jetzt noch weiter weg ist? Oder doch mal bei dem netten Doktor um die Ecke reinschauen, der mit den vielen Zusatzbezeichnungen am Klingelschild? Und wenn sie sich dann zum Wechsel entschieden haben sollten, kommt es irgendwann zur ersten Begegnung: Wie ist der Empfang, wie das Wartezimmer? Welche Zeitschriften liegen aus? Und vor allem: Wie werde ich begrüßt? Einer sprach mich in seinen Aushängen in der Praxis immer als „Sehr geehrter Kunde" an, doch ich fühlte mich nicht als Kundschaft, sondern einfach nur krank. Ich wollte Patient sein und vor allem, dass mir geholfen wird.

Um die Suche nach dem richtigen Helfer und Heiler geht es auch in der Geschichte aus dem Johannesevangelium, die uns als Predigttext für den heutigen Sonntag vorgeschlagen ist. In Joh 4 wird erzählt:

46 Und Jesus kam abermals nach Kana in Galiläa, wo er das Wasser zu Wein gemacht hatte. Und es war ein Mann im Dienst des Königs; dessen Sohn lag krank in Kapernaum. 47 Dieser hörte, dass Jesus aus Judäa nach Galiläa gekommen war, und ging hin zu ihm und bat ihn, herabzukommen und seinen Sohn zu heilen; denn der war todkrank. 48 Da sprach Jesus zu ihm: Wenn ihr nicht Zeichen und Wunder seht, so glaubt ihr nicht.

49 Der königliche Beamte sprach zu ihm: Herr, komm herab, ehe mein Kind stirbt! 50 Jesus spricht zu ihm: Geh hin, dein Sohn lebt! Der Mann glaubte dem Wort, das Jesus zu ihm sagte, und ging hin. 51 Und während er noch hinabging, begegneten ihm seine Knechte und sagten: Dein Kind lebt. 52 Da fragte er sie nach der Stunde, in der es besser mit ihm geworden war. Und sie antworteten ihm: Gestern um die siebente Stunde verließ ihn das Fieber. 53 Da merkte der Vater, dass es zu der Stunde war, in der Jesus zu ihm gesagt hatte: Dein Sohn lebt. Und er glaubte mit seinem ganzen Hause.

54 Das ist nun das zweite Zeichen, das Jesus tat, als er aus Judäa nach Galiläa kam.

Der königliche Beamte hatte seine Entscheidung bei der Arztsuche getroffen. Sie fiel auf Jesus. Dabei war er nicht die nächstliegende Adresse, nicht der Arzt um die Ecke. Eine Tagesreise zu Fuß nahm der Mann in Kauf, um Jesus um Hilfe für seinen Sohn zu bitten. Er hatte gehört, „dass Jesus aus Judäa nach Galiläa gekommen war". Das reichte offenbar aus, Jesus muss einen guten Ruf als Arzt gehabt haben. Gute Erfahrungen und die Empfehlungen anderer waren ausschlaggebend.

Doch dieser Fall war alles andere als einfach gelagert. Der Mann bat Jesus, mit ihm nach Kapernaum zu kommen und seinen Sohn zu heilen, „denn der war todkrank". Eine alarmierende Botschaft, ein Notfall.

Jesus aber zeigte sich für diesen Notfall weit weniger offen als erhofft.

Der Evangelist Johannes arbeitet an dieser Stelle mit einem erzählerischen Trick, um einen kleinen Horroreffekt in seine Geschichte zu schmuggeln. Er informiert nämlich uns, seine Leserinnen und Leser, über die Schwere der Krankheit des Sohnes. Wir wissen: „Der war todkrank", doch Jesus weiß dies noch nicht. Das macht seine Reaktion vielleicht weniger unverständlich, dennoch bleibt sie harsch.

Denn Jesus tadelte den Mann und sprach zu ihm: „Wenn ihr nicht Zeichen und Wunder seht, so glaubt ihr nicht."

Wir wissen aus eigener Erfahrung: Arzt-Patienten-Gespräche sind manchmal schwierig, gelingen nicht immer gut, dieses jedoch scheitert ganz offensichtlich. Jesus ging genaugenommen gar nicht auf das Anliegen des Mannes ein, sondern hatte ein ganz anderes Thema: Wieder einer von denen, die mich bloß benutzen wollen als Wundertäter, die vielleicht sogar nichts anderes suchen als ein bisschen Nervenkitzel, ein wenig Ablenkung und Unterhaltung im ansonsten tristen Alltag.

Die Reaktion Jesu zeigt eine deutliche Reserve dagegen, als Wundertäter bekannt zu sein und angesprochen zu werden. Er möchte vielmehr wahrgenommen werden als Gottes Wort an die Welt. Und Jesus möchte den Glauben der Menschen an dieses fleischgewordene Wort Gottes. Einen reinen Glauben, der möglichst ohne Zeichen auskommt. So scheint es zumindest hier.

Doch der königliche Beamte wollte etwas anderes. Er hatte gar nichts gegen den Glauben. Er kannte ihn ja nicht einmal. In der Matthäus- und Lukas-Fassung der Geschichte wird er explizit als Heide vorgestellt, als jemand, der nicht zum Volk Gottes gehört. Bei Johannes wird dies mehr vorausgesetzt als ausgesprochen. Dieser Mann gehörte nicht dazu. Er kam von außen, wusste nichts vom Glauben Israels und vom himmlischen Vater Jesu, hatte nichts dagegen aber auch nichts dafür.

Er hatte nur eins: Angst. Angst um seinen Sohn.

„Herr, komm herab, ehe mein Kind stirbt!"

Mit der Beharrlichkeit eines Vaters, der um das Leben seines Kindes fürchtet und kämpft, blieb der Mann bei seinem eigenen Thema. Er ließ sich von Jesus nicht beirren, sondern bat: Komm, hilf mir, bevor es zu spät ist.

Ich habe keine Zeit für deine Einwände und Überlegungen.

Da geschah das erste und in meinen Augen entscheidende Wunder. Die Not des Mannes, seine Angst, die Dringlichkeit seiner Bitte erreichten Jesus. Es war die schlichte Tatsache, dass da einer vor ihm stand, der Hilfe brauchte, die Jesus unterbrach. Die ihn aufschreckte in seinem theologischen Selbstgespräch über Zeichen und Wunder.

Es war die Not des Mannes, die Jesus das heiß ersehnte helfende Wort aussprechen ließ: „Geh hin, dein Sohn lebt!"

Das ist das erste Wunder, das in dieser Geschichte geschieht. Ich nenne dies ein Wunder, weil wir ja oft so sehr mit uns selbst beschäftigt sind, mit unseren Themen, so tief in unsere Selbstgespräche verstrickt sind, dass wir die Not anderer kaum wahrnehmen, selbst wenn sie sich an uns wenden.

Darin wird Jesus zum Vorbild auch für uns: Er lässt sich unterbrechen. Er lässt sich ablenken von seinem Thema und hinlenken zu der Not des Mannes.

Jesus geht nicht achtlos darüber hinweg, sondern lernt in dieser Begegnung:
Jetzt ist die Zeit zu helfen!

„Geh hin, dein Sohn lebt!", sagte Jesus zu dem Mann und da geschah das zweite Wunder in der Geschichte: „Der Mann glaubte dem Wort, das Jesus zu ihm sagte, und ging hin." So dringlich wie der königliche Beamte Jesus um Hilfe für seinen Sohn gebeten hatte, so umstandslos ging er jetzt die Tagesreise zurück nach Kapernaum. Er verlor keine Zeit, sondern machte sich auf den Weg, voller Hoffnung auf die Heilung seines Sohnes.

Es war das Wort Jesu, das ihn auf diesen Weg geschickt hatte und ihn gehen ließ: „Geh hin, dein Sohn lebt!"

Das ist das zweite Wunder, das in dieser Geschichte geschieht. Ich nenne dies ein Wunder, weil wir uns ja oft so schwertun mit dem Vertrauen.

Da ist die Frau, die im Laufe ihres Lebens schon so viele abwertende Botschaften gehört hat, von ihren Eltern, von Lehrern, vom eigenen Ehemann, dass sie dem einen, der ihr etwas zutraut, nur schwer vertrauen kann.

Da ist der arbeitslose Ingenieur mit Mitte 50, der so oft gehört hat: Du bist super qualifiziert, aber leider zu teuer für uns, dass er sich kaum überwinden kann, die nächste Bewerbung auf die Stelle, die zum ihm passt, wirklich in den Briefkasten zu werfen.

Schlechte Nachrichten und böse Erfahrungen machen uns misstrauisch, können die Quellen des Vertrauens in uns verschütten.

Der Mann in der Geschichte hingegen machte sich auf den Weg.

Ich glaube kaum, dass er seinen Weg ohne Zweifel ging. Im Gegenteil: Die Stimme des Zweifels ist sicherlich vielfältig und laut gewesen:

Wird sich der Weg nach Kana am Ende gelohnt haben?

Ist Jesus der richtige Arzt oder doch nur ein Scharlatan?

Komme ich rechtzeitig wieder nach Hause?

Für mich wird der Mann darin zu einem Vorbild des Glaubens, dass er – Zweifel hin oder her – seinen Weg geht.

Er entscheidet sich, dem Wort Jesu mehr zu glauben als der Stimme seines Zweifels:

„Geht hin, dein Sohn lebt!" Dieses Wort hält ihn auf dem Weg.

Und sein Vertrauen wurde belohnt. Denn „während er noch hinabging, begegneten ihm seine Knechte und sagten: Dein Kind lebt." Und mehr noch: Sie erzählten ihm von einem dritten Wunder, davon, wann das Kind gesund wurde: „Gestern um die siebente Stunde verließ ihn das

Fieber." Genau „zu der Stunde" also, „in der Jesus zu ihm gesagt hatte: Dein Sohn lebt."

Der Evangelist Johannes steigert hier die Wunderhaftigkeit von Jesu Wirken.

Der Arzt Jesus musste nicht einmal selbst beim Kranken anwesend sein.

Es reichte sein Wort aus der Ferne, damit die Menschen gesund wurden.

Ist das überhaupt glaubwürdig?

Es ist dieses dritte Wunder, das uns heute vielleicht besonders anstößig erscheint. Wir könnten uns vielleicht noch gut vorstellen, dass der Mann nach Hause kam und, ermutigt von Jesu Worten, das Urvertrauen seiner Familie stärkte. Dass er so, selbst ermutigt, seine Familie ermutigte und so die Selbstheilungskräfte seines Sohnes stärkte.

Doch die Geschichte sperrt sich dagegen, die Heilung des Sohnes auf einen Placebo-Effekt zu reduzieren. Darum erzählt Johannes von der überraschenden Heilungsbotschaft, die dem Vater schon auf dem Heimweg entgegenkommt.

Mir ist diese Wendung der Geschichte besonders wichtig, weil sie festhält:

Es ist nicht unser Optimismus, unser positives Denken oder unser felsenfester Glaube, der die Heilung bewirkt.

Man stelle sich nur einmal kurz vor, dies wäre die Botschaft:

Glaube an deine Heilung, dann wirst du gesund.

Sie wäre ein Schlag ins Gesicht all' derjenigen, die nicht gesund werden.

Ihnen bliebe nur die bange Frage: Was habe ich falschgemacht, dass ich nicht gesund werde.

Ist mein Glaube zu gering, mein Denken zu negativ?

Eine furchtbare, gnadenlose Botschaft wäre dies.

Darum ist so wichtig: Es war eben nicht der Vater mit seinem Optimismus, der seinem Sohn geholfen hat, sondern Jesus, der mit seinem Wort die Kräfte des Himmels mobilisiert hat, die schöpferischen Kräfte Gottes.

Das macht dieses Wunder für unsere Ohren, die an rationale Erklärungen gewöhnt sind, auf den ersten Blick vielleicht anstößig.

Doch lassen wir uns nicht ins Bockshorn jagen. Allzu oft hat sich das Gespräch über Wunder im Gestrüpp des Rationalismus verfangen. In der Vergangenheit standen sich im Blick auf die Wunder Jesu zwei Parteien gegenüber.

Auf der einen Seite diejenigen, die daran festhielten, ein Wunder müsse auf jeden Fall etwas Übernatürliches sein, das den Naturgesetzen widerspricht.

Auf der anderen Seite diejenigen, die meinten, für alles eine rationale Erklärung bieten zu müssen, weil Wunder dem modernen Menschen nicht mehr zuzumuten seien.

Doch wir müssen uns für die Wunder Jesu, von denen die Bibel erzählt, nicht schämen und wir müssen sie auch nicht erklären.

Wir dürfen die Wundergeschichten auf uns wirken lassen als das, was sie sind. Geschichten, die uns ermutigen wollen, auf Gottes Wirken in der Welt zu vertrauen, auch heute. Auch in einer Welt, die wir uns naturwissenschaftlich erklären können, ist es ja nicht selbstverständlich, dass die Wende zum Guten tatsächlich immer wieder geschieht.

Dass ein Medikament, und seien seine Moleküle auch noch so ausgefeilt, tatsächlich anschlägt und wirkt, das ist ein Wunder.

Dass die Mittelohrentzündung bei der Zweijährigen ohne Komplikationen abklingt und das Fieber verschwindet, wie es gekommen ist, das ist ein Wunder.

Dass ein Mensch, der ein Leben lang immer wieder die Botschaft gehört hat, du bist nichts wert und kannst nichts, sich aufrafft und seinen Weg geht, das Vertrauen findet zum nächsten Schritt, auch das ist ein Wunder.

Darin kann uns der königliche Beamte aus der Geschichte zum Vorbild werden.

Er hat es gewagt, Jesus um Hilfe zu bitten. Mit diesem Wagnis hat er den ersten Schritt zum Glauben getan, hat die Grenze zum Wunderbaren überschritten.

Wie oft sind Menschen zu stolz oder zu verzweifelt dafür, um Hilfe zu bitten.

Zu stolz: Ich brauche keine Hilfe, ich kann das alleine.

Oder zu verzweifelt: Mir kann ja doch keiner helfen, ich bin eben ein besonders tragischer Fall.

Der Mann in der Geschichte hat es gewagt, um Hilfe zu bitten, und durfte am Ende eine Spur Gottes in dieser Welt sehen: eine heilsame Erfahrung, die für uns zum Zeichen wird, auch unsererseits immer wieder um Hilfe zu bitten.

Es entspricht ja viel eher unserem Selbstverständnis, nicht zuletzt auch in der Kirche, anderen zu helfen. Das ist gut so und okay, solange wir nicht verleugnen:

Wir sind selbst auch immer wieder der Hilfe bedürftig.

Es gibt keinen vernünftigen Grund, dann nicht auch darum zu bitten – bei Menschen und bei Gott.

Auch unsere Not kann Wunder wirken, wenn sie zur Bitte wird.

Amen.

19.02.2017 – Sexagesimä
Mk 4,26-29

Liebe Gemeinde!
Der Personalchef des großen Unternehmens setzte sein schönstes Haifischgrinsen auf und sagte zur Bewerberin: Sehr schön ihr Lebenslauf, ganz ausgezeichnetes Profil. Jetzt haben wir viel über ihre Stärken erfahren. Verraten sie uns doch bitte zum Schluss noch etwas über ihre Schwächen.
Ohne mit der Wimper zu zucken und hoch professionell antwortete die Bewerberin mit einem nicht minder raubtierhaften Lächeln:
Es ist ganz furchtbar mit mir. Ich bin so ungeduldig.

Diese Frage nach den eigenen Stärken und Schwächen ist eine Standardsituation im Bewerbungsgespräch. Vielleicht haben sie auch schon einmal so geantwortet wie die Bewerberin. Falls ja, ist das wirklich keine Schande. Denn in Bewerbungssituationen werden Konventionen abgefragt. Da geht es um die Frage: Passt derjenige zu uns?
Doch genau das ist ja so spannend. Warum ist die Ungeduld eine so unverfängliche Schwäche? Ja, mehr noch: Eigentlich ist es doch ganz schön kokett, Ungeduld als Schwäche auszugeben. Denn unter der Hand ist allen klar: Ungeduld gilt

eigentlich als Stärke. Die Bewerberin ist dynamisch, macht ihr Ding und drängt nach vorne.

Was sagt es über uns als Gesellschaft, wenn Ungeduld eigentlich als Tugend gilt?

Der Mann im Gleichnis, von dem Jesus erzählt, hätte möglicherweise bei unserem Personalchef schlechte Karten gehabt. Jesus lehrte die Menschen in Gleichnissen. In kurzen Geschichten, die Situationen aus dem Alltag aufgreifen, öffnete Jesus den Menschen die Augen dafür, wie Gott unter uns wirkt.

26 Und er sprach: Mit dem Reich Gottes ist es so, wie wenn ein Mensch Samen aufs Land wirft 27 und schläft und steht auf, Nacht und Tag; und der Same geht auf und wächst – er weiß nicht wie. 28 Von selbst bringt die Erde Frucht, zuerst den Halm, danach die Ähre, danach den vollen Weizen in der Ähre. 29 Wenn aber die Frucht reif ist, so schickt er alsbald die Sichel hin; denn die Ernte ist da.

Der Sämann tut, was seine Aufgabe ist, er sät den Acker ein. Danach schläft er. Er setzt sich also nicht an den Ackerrand und schaut ungeduldig alle zwei Minuten nach, ob der Samen schon aufgegangen ist, sondern er schläft. Der Sämann lebt und wirkt im Rhythmus von Nacht und Tag.

In der Bibel ist übrigens oft von Nacht und Tag die Rede. In der Schöpfungsgeschichte wird erzählt: „Da ward aus Abend und Morgen der erste Tag." (Gen 1,5) Der Tag beginnt mit dem Abend und der Nacht. Dort, in der Ruhe und im Schlaf, werden die Voraussetzungen für fruchtbares Wirken am Tag geschaffen.

So auch bei dem Sämann im Gleichnis. Er schläft und steht auf im Rhythmus von Nacht und Tag.

Und siehe da, in diesem Rhythmus von Nacht und Tag, in diesem Rhythmus von Tun und Lassen stellt sich der Erfolg seines Handelns ein: „Der Same geht auf und wächst – er weiß nicht wie."

Er weiß nicht wie? Der Sämann weiß nicht, wie die Saat wächst?

Natürlich weiß er es. Gerade weil er ein guter Sämann ist, weiß er, dass Wachsen und Gedeihen nicht in seiner Hand liegen. Er muss säen und dann – und das ist nicht weniger wichtig – die Saat in Ruhe lassen. Auf dem Weg vom Samenkorn zur Frucht gibt es eine Fülle von Entwicklungsschritten, da läuft ein Prozess ab, aus dem der Sämann sich heraushält, wo er die Finger rauslässt und sagt: Davon will ich gar nichts wissen. Mir reicht, dass ich weiß:

„Von selbst bringt die Erde Frucht, zuerst den Halm, danach die Ähre, danach den vollen Weizen in der Ähre."

Der Sämann weiß und respektiert: Es gibt Dinge, die kann ich anstoßen, doch dann laufen sie ohne mein Zutun ab. Von selbst, automatisch, autonom entwickelt sich die Frucht und der Sämann könnte ihre Entwicklung höchstens stören, wenn er zur falschen Zeit nachschaut, kontrolliert und fördert.

Dazu gehört auch: Der Wachstumsprozess läuft in bestimmten Schritten ab, die weder vertauscht noch verkürzt werden können: Halm, Ähre, Weizen. Es gehört zur Geduld des Sämanns, dass er weiß: Wenn ich heute den Samen in die Erde stecke, dann bekomme ich nicht morgen schon die volle Ähre. Wachstum braucht Zeit.

Finger weg heißt also das Erfolgsrezept des Sämanns und − genau hinschauen. Denn neben dem Wechsel von Tun und Lassen braucht es auch ein Gespür für den richtigen Zeitpunkt. Timing ist wichtig. Es kommt der Moment, wenn die Frucht reif ist. Und dann gibt der Sämann den Startschuss für die Ernte.

Wer eben noch den Eindruck hatte: Diesen Mann bringt nichts aus der Ruhe in seinem Rhythmus von Nacht und Tag, der reibt sich jetzt verwundert die Augen, denn er schickt „alsbald die Sichel; denn die Ernte ist da."

Zum richtigen Zeitpunkt also verliert der Sämann keine Zeit, sondern handelt entschieden und schnell.

Der Mensch, von dem Jesus im Gleichnis erzählt, weiß also genau, was er tut. Geduld und Augenmaß, Erfahrung und Gelassenheit, Aufmerksamkeit und Entschiedenheit steuern ihn, sein Tun und Lassen, und vor allem die unerschütterliche Hoffnung: Die Saat geht auf. Sie geht auf jeden Fall auf!

Jesus erzählte diese Geschichte vom Sämann als Gleichnis für das Reich Gottes. Er öffnet uns die Augen dafür, wie Gott unter uns wirkt. Immer wieder ist dies geschehen, dass Menschen plötzlich eine Ahnung davon bekommen, wie Gottes Reich unter uns wächst.

Der schwäbische Pfarrer Johann Christoph Blumhardt begleitete Anfang der 1840er Jahre eine junge Frau aus seiner Gemeinde in der Seelsorge. Sie wurde von unerklärlichen Beschwerden geplagt, litt an Krämpfen und hörte Stimmen. Heute würden wir vielleicht sagen: Sie hatte eine psychosomatische Krankheit. An Weihnachten 1843 wurde sie geheilt. Nach einer krisenhaften Zuspitzung, von Blumhardt in seinem Bericht an den Oberkirchenrat in Stuttgart als „Geisterkampf" bezeichnet, rief die junge Frau aus: „Jesus ist Sieger."

Die Nachricht von ihrer Heilung verbreitete sich rasch und führte zu einer wahrhaften Erweckungsbewegung in dem kleinen schwäbischen Ort Möttlingen. Blumhardt wurde geradezu überrannt von Hilfesuchenden, die er schon bald nicht mehr alle in seinem Pfarrhaus empfangen konnte. Der Oberkirchenrat in Stuttgart, die zuständige Kirchenleitung, beobachtete sein Wirken ohnehin skeptisch. Blumhardt wurde der Rat erteilt, sich doch bitte mehr um die kümmern und mit diesen Heilungen aufzuhören.

Doch der dachte gar nicht daran, im Gegenteil. Blumhardt zog von Möttlingen nach Bad Boll und kaufte dort das heruntergekommene Kurhaus, das er zum Seelsorgezentrum ausbaute. Dieses Haus zog Gäste aus ganz Europa an und wurde zu einem Ort, an dem Menschen ganzheitlich Hilfe erfuhren.

An der Fassade des Kurhauses stehen bis heute zwei Buchstaben: W und P für Wilhelm I., König von Württemberg, den Gründer des Kurhauses und seine Frau Pauline. Blumhardt selbst übersetzte diese Buchstaben anders:

W für warten und P für pressieren, also schwäbisch für ‚sich beeilen‘.

Warten und Pressieren, das entspricht dem, was auch der Sämann tut: Zur rechten Zeit handeln und dann den Dingen wieder ihren Lauf lassen. Blumhardt wusste: Das Reich Gottes hängt nicht von uns ab. Wir können es mit unserem Handeln nicht herbeizwingen. Aber wenn es kommt, wenn Gottes Gegenwart unter uns erkennbar wird, dann ergeben sich Chancen zum Handeln, die es zu nutzen gilt.

Dann können Menschen gesund werden an Leib und Seele und positive Entwicklungen aller Art in Gang gesetzt werden.

Warten und Pressieren, zur rechten Zeit etwas tun und lassen, das ist wie Einatmen und Ausatmen, im Rhythmus bleiben, den Dingen ihren Lauf lassen und dann doch auch den entscheidenden Impuls geben.

Gelassen wirken, das ist eine Lebenskunst, die wir im Reich Gottes lernen können und die sich doch auf alle lebendigen Prozesse übertragen lässt.

Haben sie beispielsweise schon einmal versucht, ein Kind großzuziehen? Dann werden sie sicherlich festgestellt haben, dass das gar nicht geht. Sie können an den Armen und den Beinen ziehen, wie sie wollen, das Kind wächst nicht schneller. Sie könnten es auch auf den Kopf stellen und auf die Schwerkraft hoffen, das einzige, was sie erreichten, wäre, dass die Kleinen vor lauter Lachen einen Schluckauf bekämen. Aber schneller wachsen tun sie dadurch nicht, großziehen lassen sie sich nämlich nicht.

Wenn sie irgendwo Verantwortung für Menschen haben, beispielsweise in einem Unternehmen, dann werden sie wissen: Von Zeit zu Zeit kann es durchaus angemessen sein, sich mal bei den Mitarbeitenden zu erkundigen, was die so machen. Ob es allen gut geht, ob noch alle bei der Arbeit sind, ob die Ziele klar sind. Wenn sie allerdings alle fünf Minuten auftauchen und kontrollieren, dann setzen sie allenfalls sehr kreative

Prozesse in Gang, mit denen ihre Mitarbeitenden sich der Kontrolle entziehen, aber schneller und besser wird deren Arbeit dadurch ganz sicher nicht.

Und wenn sie an sich selbst denken, dann fällt ihnen vielleicht auch so einiges ein, was sie schon vor langer Zeit ändern wollten. Die Zeit der guten Vorsätze ist Mitte Februar eigentlich schon längst vorbei, aber bestimmte Themen bleiben uns ja trotzdem übers Jahr treu: mehr Bewegung, gesündere Ernährung, weniger Stress.

Auch hier gilt: Nachhaltige Veränderung zum Guten geschieht nicht über Nacht. Auch mit uns selbst brauchen wir vor allem immer wieder Geduld und Achtsamkeit, um dann doch zur rechten einen ersten Schritt in die richtige Richtung zu gehen.

Liebe Gemeinde!

Was sagt es über uns als Gesellschaft, wenn Ungeduld eigentlich als Tugend gilt?

Wenn ein amerikanischer Präsident von manchen sogar für seine Tatkraft gerühmt wird angesichts einer Flut von Dekreten, von denen die meisten wohl keinen Bestand haben werden?

Mir scheint, wir haben das Leben halbiert. Wir haben aus Nacht und Tag einen immerwährenden Tag gemacht, geben der Aktivität in jeglicher Form einen Vorzug vor Kontemplation und Verweilen.

Damit haben wir manches erreicht und anderes verloren. Verloren haben viele Menschen heute die Fähigkeit, sich wirklich zu erholen. Wirklich einmal rauszutreten aus der inneren Tretmühle und den Kopf freizubekommen für das, was im Leben wirklich zählt und was uns trägt, auch wenn wir einmal keine Spitzenleistung erbringen.

Da kommt die Geschichte vom Menschen, der Samen aufs Land wirft, gerade recht.

Von ihm können wir lernen, dass zum Leben beides gehört: Arbeit und Ruhe, Geduld und gelassene Aufmerksamkeit für das, was geschieht, den Dingen ihren Lauf lassen und eingreifen, damit wir gelassen wirken können!

Vor allem aber brauchen wir die Hoffnung, dass Entscheidendes immer wieder von Gott her geschieht, auch ohne unser Zutun, dass wir leben dürfen in einer Welt und von einer Welt, die uns freundlich entgegenkommt.

Gott sei Dank!

Amen.

09.04.2017 – Palmsonntag
Mk 14,3-9

Liebe Gemeinde!

Am Palmsonntag erinnern wir uns an den Einzug Jesu in Jerusalem. Wir haben eben in der Lesung die Geschichte noch einmal aus der Perspektive des Johannesevangeliums gehört.

In Jerusalem verbrachte Jesus seine letzten Lebenstage, dort spitzte sich der Konflikt mit den führenden Kreisen am Tempel zu, dort feierte Jesus mit seinen Jüngern das letzte Abendmahl, dort wurde Jesus verhaftet, vor Gericht gestellt, von den Römern zum Tode verurteilt und schliesslich hingerichtet.

In dem kleinen Dorf Betanien, knapp drei Kilometer von Jerusalem entfernt, spielt die Geschichte, von der das Markusevangelium erzählt:

3 Als er in Betanien im Haus Simons des Aussätzigen war und bei Tisch sass, kam eine Frau mit einem Alabastergefäss voll echten, kostbaren Nardenöls; sie zerbrach das Gefäss und goss es ihm über das Haupt. 4 Da wurden einige unwillig und sagten zueinander: Wozu geschah diese Verschwendung des Öls? 5 Dieses Öl hätte man für mehr als dreihundert Denar verkaufen und den Erlös den Armen geben können. Und sie fuhren sie an. 6 Jesus aber sprach: Lasst sie! Was bringt ihr sie in Verlegenheit? Sie hat eine schöne Tat an

mir vollbracht. 7 Arme habt ihr ja allezeit bei euch und könnt ihnen Gutes tun, sooft ihr wollt; mich aber habt ihr nicht allezeit. 8 Was sie vermochte, hat sie getan. Sie hat meinen Leib im Voraus zum Begräbnis gesalbt. 9 Amen, ich sage euch: Wo immer in der ganzen Welt das Evangelium verkündigt wird, da wird auch erzählt werden, was sie getan hat, zu ihrem Gedächtnis.

Die knappe Erzählung von der Salbung Jesu ist wie die Ruhe vor dem Sturm. Noch einmal kann Jesus durchatmen im Kreise von Menschen, die es gut mit ihm meinen. Noch einmal eine Mahlzeit im Kreis von Freunden.

Mitten hinein in diese Mahlzeit unter Freunden kommt nun eine Frau. Sie ist offensichtlich eine Fremde. Nicht einmal ihr Name wird uns erzählt. Wir wissen eigentlich nichts über sie. Nur dass sie mutig ist, das wird sofort klar. Denn ohne Umschweife setzt sie in die Tat um, wozu sie gekommen ist. Sie bringt ein Fläschchen mit reinem Nardenöl mit.

Nardenöl gehört zu den größten Kostbarkeiten der damaligen Zeit. Um dieses Parfüm herzustellen, braucht es den Extrakt einer Wurzel, die nur im Himalaja wächst. Seltsam genug, dass diese Kostbarkeit aus einem fernen Land nun in einem Vorort von Jerusalem auftaucht, im Hause Simons, des Aussätzigen.

Doch geradezu unfassbar ist, was nun geschieht. Die Frau öffnet das Fläschchen und gießt es Jesus über den Kopf. Ein betörender Duft strömt durch den Raum. Er breitet sich aus zwischen den Menschen.

Er liegt in der Luft, dieser kostbare Duft, und doch vergiftet er die Atmosphäre, denn sofort riecht es nicht mehr nur nach Nardenöl, sondern vor allem nach Streit.

Einige der Anwesenden erfreuen sich weniger an dem Duft, sie haben vielmehr ein feines Näschen dafür, wie viel Geld sich da gerade in parfümierte Luft aufgelöst hat. „Was für eine Verschwendung!" sagen sie. „Dieses Öl hätte man für mehr als dreihundert Silberstücke verkaufen und das Geld den Armen geben können!"

Ein moralischer Vorwurf an die Adresse der Frau.

Versuchen wir einen Augenblick, in die Haut der Protestierenden zu schlüpfen, ihr Anliegen zu verstehen!

Ist ihr Einwand nicht vernünftig?

Immerhin hat die Unbekannte soeben das Jahresgehalt eines Arbeiters aufgewendet, um Jesus zu salben. Das ist keine Kleinigkeit, das ist purer Luxus! Hatte nicht Jesus selbst immer wieder vor den Gefahren des Reichtums gewarnt: „Eher kommt ein Kamel durch ein Nadelöhr als ein Reicher in Gottes neue Welt." Vielleicht waren es diese Worte, die den Kritikern der Frau noch in den Ohren klangen.

Also hatten sie doch ihre Lektion gelernt bei Jesus. Tun sie nicht gut daran, die Armen im Blick zu haben, ihr Schicksal nicht zu vergessen?

Auf den ersten Blick könnte man den Kritikern der Frau Recht geben. Und doch nimmt Jesus die Frau in Schutz. „Lasst sie!", sagt er, „was bringt ihr sie in Verlegenheit? Sie hat eine schöne Tat an mir vollbracht. Arme habt ihr ja allezeit bei euch und könnt ihnen Gutes tun, sooft ihr wollt; mich aber habt ihr nicht allezeit."

In Wahrheit ist es wohl nicht die Sorge um die Armen, die die Kritiker der Frau umtreibt. Das zeigt schon der Umstand, dass sie nicht offen, sondern hinter vorgehaltener Hand über die Frau herfallen.

Wer ein reines Gewissen hat, muss nicht tuscheln, sondern kann offen und geradeheraus sein Anliegen vertreten. Es ist wohl eine gute Portion Neid und Missgunst mit im Spiel. Neid und Missgunst nicht zuletzt gegenüber Jesus, dem diese Wohltat zuteilwird.

Vorgeschoben und selbstgerecht wirkt die Kritik an der Frau. Im Namen der Selbstlosigkeit argumentieren ihre Kritiker und übersehen dabei, dass es gerade diese namenlose Frau ist, die wahrhaft selbstlos handelt. Sie drückt ihre Liebe zu Jesus mit einem teuren Salböl aus und fragt nicht nach den Kosten.

Und Jesus? Er genießt, was die Frau tut.

Dabei geht es nicht darum, sich von Zeit zu Zeit auch ein bisschen Luxus zu gönnen. Jesus hat seinen Tod vor Augen. Er weiß, dass er sterben wird.

Und darum akzeptiert er die Verschwendung der Frau: „Sie hat meinen Körper im voraus für das Begräbnis gesalbt."

So deutet Jesus die schöne und darum gute Tat der Frau. Sie ist die erste, die ihn voll und ganz versteht, die weiß, wer Jesus ist.

Immer wieder hatte Jesus seine Jünger gefragt: „Für wen haltet ihr mich?"

Petrus war der erste, der der Wahrheit zumindest nahe kam, als er sprach: „Du bist Christus, der versprochene Retter!" Doch als Jesus dann von seinem bevorstehenden Tod sprach, da konnte und wollte Petrus das nicht akzeptieren.

Ja, er versuchte sogar, es Jesus auszureden.

Das Leiden, das Jesus als Teil seines Weges akzeptierte, fand nicht die Zustimmung des Petrus. Mir scheint, das ist heute gar nicht so anders. Wir schätzen Jesus als moralisches Vorbild, als Heiler und Lehrer, als aktiven Menschen, der auf andere zuging und Brücken baute zu den Ausgeschlossenen in der Gesellschaft.

Doch der leidende Jesus bleibt eine Herausforderung, sein Kreuz ein Rätsel.

Das ging damals nicht nur Petrus so. Vieles spricht dafür, dass Judas, der Jünger, der Jesus am Ende verriet, eigentlich gute Motive hatte. Dass es ihm weniger ums Geld, um die 30 läppischen Silberstücke, ging. Dass er mit seinem Verrat Jesus vielmehr drängen wollte, nun endlich das Heft des Handeln in die Hand zu nehmen, nun endlich zur Revolte gegen die Römer aufzurufen, seine Landsleute aus der Knechtschaft zu befreien, wie einst Mose, der das Volk aus der Knechtschaft in Ägypten führte.

Das alles zeigt, wie allein Jesus auf seinen Tod zugeht. Petrus verleugnet das Leiden Jesu, Judas drängt Jesus zum Handeln.

Was für eine Wohltat ist da die namenlose Frau, die Jesus einfach salbt!

Sie ist die erste, die auch sein Leiden akzeptiert und ihm darin beisteht.

Sie sieht ihn, der auf seinen Tod zugeht, und stärkt ihn für seinen Weg. Für diesen Weg ist kein Salböl zu kostbar, kein Aufwand zu groß.

Indem die Frau so handelt, wird sie zur Prophetin. Sie stärkt Jesus und weist damit zugleich über seinen Tod hinaus. Sie kann noch nicht wissen, dass sie gerade den König gesalbt hat.

95

Doch was *sie* noch nicht wissen kann, ist die Hoffnung, die *uns* trägt.

Die Hoffnung, dass Jesus der König ist, der den Tod besiegen wird, der die Felsen des Grabes sprengt – ein für alle Mal und auch für uns.

Eine namenlose Prophetin hat Jesus zum König gesalbt.

Zum König, der nicht mit der Gewalt des Schwertes herrscht, sondern durch seinen Geist.

Zum König, der die Menschen nicht zwingt, sondern in die Freiheit der Kinder Gottes ruft.

Zum König, dessen Herrschaft nicht auf den Interessen einiger weniger ruht, sondern der um das Vertrauen aller wirbt.

Diesen König hat die namenlose Prophetin gesalbt, und darum halten wir ihr Andenken in Ehren.

Wir tun das, indem wir von ihr lernen.

Viel lernen für den Umgang mit leidenden und sterbenden Menschen. Anstatt das Leiden zu verleugnen, wie Petrus es tut, anstatt den Leidenden auf die Sprünge helfen zu wollen, wie Judas es will, können wir von der Frau lernen, bei den Leidenden und Sterbenden zu sein, ihren Weg mitzugehen, sie nicht allein zu lassen und vor allem: alles aufzubieten, was nötig und möglich ist, ihnen ihre Würde zu geben bis zuletzt.

Wir können von ihr lernen, dass es Zeiten gibt, in denen das Kostbarste gerade gut genug ist für einen Menschen.

Für viele Menschen ist dies oft gerade die Zeit, die wir mit ihnen verbringen. In einer Welt, in der Zeit Geld ist, ist das Verschwenden von Zeit ein prophetisches Zeichen. Und oft sind es auch im wirklichen Leben, nicht nur in dieser Geschichte, gerade die Frauen, die im besten Sinne verschwenderisch mit ihrer kostbaren Zeit umgehen.

Indem wir dies lernen, lernen wir Jesus neu kennen:
den ganz anderen König,
den gewaltlosen König,
im Hause eines Aussätzigen wird er gesalbt,
seine Freunde protestieren,
eine Fremde stärkt ihn für seinen Weg.

Amen.

16.04.2017 – Ostersonntag
Mt 28,1-10

Liebe Gemeinde!
Die Osterbotschaft ist groß, manchmal denke ich zu groß.

Wir grüßen uns heute mit dem traditionellen Ostergruß der orthodoxen Kirche: „Der Herr ist auferstanden". – „Er ist wahrhaftig auferstanden", haben diejenigen von ihnen geantwortet, die diese Tradition kennen.

Doch verstehen wir auch, was wir da sagen?

Wissen wir, wovon wir da eigentlich reden, wenn wir sagen „Der Herr ist auferstanden"?

Wer kann fassen, mit Herz und Verstand, dass das Leben den Tod besiegt?

Schon in der Bibel ist es ein einziges Hin und Her, ein Stammeln und Stottern, wenn es um die Auferstehung geht. Der Evangelist Matthäus beispielsweise erzählt uns in seinem Evangelium die schönste Geschichte, die man sich vorstellen kann.

Er beginnt mit einem Wunder an Ordnung und Struktur, dem Stammbaum Jesu, und erzählt dann von einem Paar, dem gerechten Josef und der jungen Maria, denen Ungeheuerliches passiert: eine überraschende Schwangerschaft, Weise aus dem Morgenland und das Abenteuer der Flucht nach Ägypten.

Dann das Leben und Wirken Jesu. Vieles davon leuchtet uns ein, manches weckt Fragen, anderes bleibt unverständlich.

Doch dann am Ende die Katastrophe. Jesus legt sich mit den Mächtigen am Tempel an, er kommt unter die Räder des Jerusalemer Systems, er stirbt am Kreuz. Alle, die sich sonst nicht ausstehen können, sind sich in diesem Falle ausnahmsweise mal einig: Jesus stört, der muss weg. Eine Geschichte, die erzählt, wie es eben so zugeht in der Welt.

Spannend ist sie, aber eigentlich nicht weiter verwunderlich, wenn man ein bisschen Lebenserfahrung hat und die Spiele der Mächtigen kennt. Und nun, am ersten Tag der Woche, die Wende, der sagenhafte, unglaubliche Umschwung, der alle Gewissheiten in Frage stellt. Matthäus erzählt so davon:

1 Als aber der Sabbat vorüber war und der erste Tag der Woche anbrach, kamen Maria Magdalena und die andere Maria, um nach dem Grab zu sehen. 2 Und siehe, es geschah ein großes Erdbeben. Denn ein Engel des Herrn kam vom Himmel herab, trat hinzu und wälzte den Stein weg und setzte sich darauf. 3 Seine Erscheinung war wie der Blitz und sein Gewand weiß wie der Schnee. 4 Die Wachen aber erbebten aus Furcht vor ihm und wurden, als wären sie tot.

5 Aber der Engel sprach zu den Frauen: Fürchtet euch nicht! Ich weiß, dass ihr Jesus, den Gekreuzigten, sucht. 6 Er ist nicht hier; er ist auferstanden, wie er gesagt hat. Kommt und seht die Stätte, wo er gelegen hat; 7 und geht eilends hin und sagt seinen Jüngern: Er ist auferstanden von den Toten. Und siehe, er geht vor euch hin nach Galiläa; da werdet ihr ihn sehen. Siehe, ich habe es euch gesagt. 8 Und sie gingen eilends weg vom Grab mit Furcht und großer Freude und liefen, um es seinen Jüngern zu verkündigen.

9 Und siehe, da begegnete ihnen Jesus und sprach: Seid gegrüßt! Und sie traten zu ihm und umfassten seine Füße und fielen vor ihm nieder. 10 Da sprach Jesus zu ihnen: Fürchtet euch nicht! Geht hin und verkündigt es meinen Brüdern, dass sie nach Galiläa gehen: Dort werden sie mich sehen.

Wer sich mit den Mächtigen anlegt, zahlt einen Preis dafür, unter Umständen den höchsten, den des Lebens. Und dann ist alles vorbei, denn tot ist tot. So ist es immer gewesen und so wird es immer sein. Oder? Folgen wir der Ostererzählung des Matthäus, dann wird genau diese Gewissheit in Frage gestellt.

Die beiden Marias machten sich auf den Weg, um nach dem Grab zu sehen. Ich stelle mir vor, dass sie nach Jesu Tod etwas Ruhe gesucht und gefunden hatten. Oft ist es ja die Ungewissheit, die uns am meisten zu schaffen macht. Manche aus dem Jüngerkreis hatten geahnt, dass es mit Jesus kein gutes Ende nehmen würde. Er selbst hatte Andeutungen in diese Richtung gemacht, die von Petrus, dem Sprecher des Kreises, zurückgewiesen wurden. Dann war es geschehen. Und nun am dritten Tag danach kehrte zum ersten Mal ein bisschen Ruhe und Klarheit ein. Traurig waren die beiden, aber auch erleichtert, dass die Ungewissheit nun vorbei war.

So kamen sie ans Grab.

Dort am Grab starb dann die letzte Gewissheit. Tot ist tot. Und weg ist weg. Das hatte seit Anbeginn der Welt gegolten. Darauf hatten sich alle verlassen können, Arme und Reiche, Mächtige und Ohnmächtige.

Und nun das … Jesus lebt, das Grab ist leer!

Worauf ist noch Verlass, wenn selbst der Tod nicht mehr endgültig ist?

Die Frauen sind erschüttert.

Doch die Erschütterung, die vom leeren Grab ausgeht, betrifft nicht nur diese beiden. Das leere Grab erschüttert die Welt in ihren Grundfesten, auch unsere Welt.

Was auch immer wir für richtig und verlässlich gehalten haben, wird infrage gestellt.

Was auch immer wir für unerschütterlich gewiss hielten, gerät ins Wanken.

Was auch immer unverrückbar schien für uns, wird in Bewegung gebracht.

Das Osterevangelium erzählt von dieser Erschütterung im Bild des Erdbebens. „Es geschah ein großes Erdbeben. Denn ein Engel des Herrn kam vom Himmel herab" und „sprach zu den Frauen".

Das Erdbeben erschütterte die Welt von Maria Magdalena und Maria, doch die Erschütterung blieb nicht sinnlos, sondern in ihr hörten die beiden eine Botschaft:

„Fürchtet euch nicht! Ich weiß, dass ihr Jesus, den Gekreuzigten, sucht. Er ist nicht hier; er ist auferstanden."

Wenn wir bis ins Mark erschüttert sind, wenn uns der Schreck in den Knochen sitzt und die Angst besetzt, dann gibt es zwei Möglichkeiten:

Entweder wir fliehen vor der Bedrohung oder wir kämpfen dagegen. So ist unser Nervensystem programmiert, seit den Urzeiten, als wir Menschen noch Jäger und Sammler waren. Und wenn beides nicht geht, wenn wir weder fliehen noch kämpfen können, beispielsweise weil die Bedrohung schon zu nahe ist oder alles viel zu schnell ging, dann gibt es noch eine dritte Möglichkeit.

Diese Möglichkeit sehen wir bei den Wachen am Grab. „Die Wachen aber erbebten aus Furcht … und wurden, als wären sie tot." Wenn alles viel zu schnell geht und die Bedrohung schon zu nahe ist, dann stellen Menschen sich einfach tot, sie frieren ein, seelisch und körperlich. Und diese Schockstarre löst sich erst dann, wenn es zu einer neuen Begegnung kommt, wenn eine Stimme erklingt und spricht:

„Fürchtet euch nicht".

Liebe Gemeinde!
Wie gut, dass den Frauen damals dieser Osterengel begegnet ist. Er sprach in der Stunde der Erschütterung am leeren Grab die vertrauenerweckenden Worte: „Fürchtet euch nicht".

Wir brauchen auch solche Engel, die uns sagen: „Fürchtet euch nicht".

Und wir können füreinander solche Engel sein.

Denn unsere Welt heute wird ja auch immer wieder in ihren Grundfesten erschüttert.

Das ist nicht nur im Politischen so. Lange hielten wir unsere Weltordnung für leidlich gefestigt. Nahmen Demokratie und Rechtsstaat als selbstverständlich gegeben hin. Heute ahnen wir, wie labil dieses Gefüge ist. Alte und neue Machtansprüche erschüttern das Gleichgewicht der Kräfte und schaffen eine gefährliche Situation. Das Risiko einer globalen Katastrophe, insbesondere eines Atomkriegs, ist seit den letzten Präsidentschaftswahlen in den USA wieder gestiegen. Die Doomsday Clock, die symbolische Weltzeituhr, steht seit Januar auf zweieinhalb Minuten vor Zwölf. „Fürchtet euch nicht".

Das gilt auch für unser persönliches Leben. Wir sind viel verletzlicher, als wir uns eingestehen. Wir sind angewiesen auf gute Beziehungen zu anderen Menschen, auf eine sinnvolle Tätigkeit, auf einen Sinn im Leben und ein Mindestmaß an Gesundheit. Fällt etwas davon weg, geht die Balance unseres Lebens verloren.
„Fürchtet euch nicht".

Das gilt nicht zuletzt für uns als Gemeinde. Schwindende Mitgliederzahlen und sinkende Finanzkraft erschüttern unser Selbstverständnis als Volkskirche. Viele Menschen, die sich engagieren, ob beruflich oder freiwillig, fühlen sich durch diese Entwicklung beschämt und in Frage gestellt.
Wer sind wir, wenn zu Ende geht, wofür wir uns ein Leben lang eingesetzt haben?
Was bleibt von dem, was uns wichtig war?
Und was kommt auf uns zu, wenn alles neu und anders wird?
„Fürchtet euch nicht".

Liebe Schwestern und Brüder!
Die Stimme des Osterengels ist darum so wichtig, weil Veränderungen uns ängstigen, selbst wenn es Veränderungen zum Guten sind.

Wenn die Welt, wie wir sie gekannt haben, im Erdbeben unserer Lebensgeschichten erschüttert wird, dann stecken wir oft den Kopf in den Sand oder kämpfen dagegen an. Manch einer stellt sich auch tot und hofft, es geht vorbei.

Doch das Leben geht nicht einfach vorbei. Das Leben will zu uns kommen.

Das Leben kommt zu uns, weil es von den Mächten des Todes nicht überwunden wurde. Weil es aufsteht gegen die Mächte des Todes kraft der Liebe Gottes, die stärker ist als der Tod.

Darum ist es gut, wenn wir der Stimme des Engels vertrauen und uns nicht fürchten.

Es ist gut, wenn wir aufbrechen und die Orte des Todes verlassen.

Orte, die einstmals belebt waren, heute aber leblos geworden sind.

Der Beruf, der früher einmal eine Berufung war, heute nur noch eine Belastung.

Die Ehe, die in Liebe begann und in Gewalt endete.

Die Kirche, die einmal für Aufbruch stand und heute vor sich hin bröckelt.

Die Idee der Nation, die früher einmal fortschrittlich war und heute nur noch von den Ewiggestrigen vertreten wird.

„Fürchtet euch nicht".

Machen wir uns also auf den Weg.

Auf zu neuen Aufgaben, zu guten Beziehungen, zu echter Gemeinschaft, in eine gemeinsame Zukunft in unserem Land und in Europa.

Im Aufbruch machen wir die Erfahrung, dass der Weg sich findet, dass das Leben trägt. Wie die Frauen, die der Botschaft des Engels glaubten und auf dem Weg ihn selbst trafen, den auferstandenen Herrn, der ihnen sagte:

„Fürchtet euch nicht!"

Liebe Gemeinde!

Die Osterbotschaft ist groß, manchmal denke ich zu groß.

Wer kann fassen, dass das Leben den Tod besiegt hat?

Machen wir die Probe aufs Exempel und stehen auf, gehen los in ein neues Leben.

Der Tod schien uns gewiss, die größte, die einzige, die unerschütterliche Gewissheit.

Bis zu jenem Morgen, als ein Erdbeben die Welt, wie wir sie kannten, erschütterte.

Maria Magdalena und Maria gingen ihren Weg „mit Furcht und großer Freude".

Auch wir werden die Furcht vor dem Leben wohl nie ganz überwinden.

Aber damit die Freude siegt und uns ins Leben zieht, darum feiern wir heute Ostern.

Amen.

07.05.2017 – Jubilate
Joh 16,16-23a

Liebe Gemeinde!

Noch eine kleine Weile, dann müssen wir Abschied voneinander nehmen. Diese Spannung lag über der Gruppe, mit der ich gemeinsam für anderthalb Jahre an einer Fortbildung teilgenommen habe. Von Anfang an hatte die Chemie in der Gruppe gestimmt. Wir waren uns sympathisch gewesen und arbeiteten gut zusammen, im Plenum und in den zahlreichen Kleingruppen. Nun hatte die letzte Kurswoche begonnen und wir wussten: Möglicherweise sehen wir uns danach nie wieder. Trotzdem oder gerade deswegen versprachen wir einander: „Wir sehen uns bestimmt wieder. Vielleicht schon bald." Die Trauer des drohenden Abschieds allein war schwer auszuhalten. So machten wir uns Hoffnung auf ein Wiedersehen.

Als wir dann wirklich nach einer Woche Abschied genommen hatten, saß ich im ICE nach Düsseldorf und fühlte mich seltsam, glücklich über eine gute Zeit, die hinter mir lag, und doch verlassen von Menschen, die mir ans Herz gewachsen waren.

Solche Zeiten des Abschieds sind seltsam und verwirrend. Über ihnen liegt eine eigentümliche Spannung.

Kleine Kinder sind Meister darin, diese Spannung zu inszenieren und zu genießen. Hält sich der Papa die Hand vors Gesicht, ist er weg. Taucht er mit einem „Guck-guck" wieder auf, ist die Freude groß. Die Zwischenzeit zwischen dem Verschwinden und dem Wiederauftauchen ist so unglaublich spannend. Eine Zwischenzeit zwischen Angst und Lust. O Schreck – jetzt ist er weg, o ja – gleich ist er wieder da!

Ähnlich inszeniert wirkt die Abschiedsszene, die uns der Evangelist Johannes von Jesus und seinen Jüngern erzählt. Auch sie handelt von einer Zwischenzeit, auf die Jesus seine Jünger vorbereitet, indem er ihnen sagt:

16 Noch eine kleine Weile, dann werdet ihr mich nicht mehr sehen; und abermals eine kleine Weile, dann werdet ihr mich sehen. 17 Da sprachen einige seiner Jünger untereinander: Was bedeutet das, was er zu uns sagt: Noch eine kleine Weile, dann werdet ihr mich nicht sehen; und abermals eine kleine Weile, dann werdet ihr mich sehen; und: Ich gehe zum Vater? 18 Da sprachen sie: Was bedeutet das, was er sagt: Noch eine kleine Weile? Wir wissen nicht, was er redet. 19 Da merkte Jesus, dass sie ihn fragen wollten, und sprach zu ihnen: Danach fragt ihr euch untereinander, dass ich gesagt habe: Noch eine kleine Weile, dann werdet ihr mich nicht sehen; und

abermals eine kleine Weile, dann werdet ihr mich sehen? 20 Wahrlich, wahrlich, ich sage euch: Ihr werdet weinen und klagen, aber die Welt wird sich freuen; ihr werdet traurig sein, doch eure Traurigkeit soll zur Freude werden. 21 Eine Frau, wenn sie gebiert, so hat sie Schmerzen, denn ihre Stunde ist gekommen. Wenn sie aber das Kind geboren hat, denkt sie nicht mehr an die Angst um der Freude willen, dass ein Mensch zur Welt gekommen ist. 22 Auch ihr habt nun Traurigkeit; aber ich will euch wiedersehen, und euer Herz soll sich freuen, und eure Freude soll niemand von euch nehmen. 23 Und an jenem Tage werdet ihr mich nichts fragen.

Spannung liegt über dieser Szene, Verwirrung hat die Jünger erfasst. „Wir wissen nicht, was er redet", sagen sie zueinander und ich sehe sie förmlich mit den Schultern zucken. Meisterhaft inszeniert der Evangelist Johannes diese Verwirrung mit einem fast schmerzhaft in die Länge gezogenen Dialog.

„Noch eine kleine Weile, dann werdet ihr mich nicht mehr sehen; und abermals eine kleine Weile, dann werdet ihr mich sehen", sagt Jesus. Daraufhin sprechen die Jünger miteinander. Ihr Unverständnis wird ausdrücklich festgehalten. Darauf wiederum reagiert Jesus und formuliert noch einmal indirekt, was er gesagt hat, jetzt aber als Frage der Jünger. Dann folgt eine Erklärung: „Ihr werdet traurig sein, doch eure Traurigkeit soll zur Freude werden." Denn: „Ich will euch wiedersehen".

So inszeniert Johannes eine Zwischenzeit. Jesus kündigt seinen Abschied an und damit beginnen der Abschiedsprozess und die Trauer.

Zugleich jedoch sagt er: Wir werden uns wiedersehen.

Ein bisschen kommt mir dieses Versprechen Jesu vor wie jene Versprechen, die wir uns am Ende der Fortbildung gaben: „Wir sehen uns bestimmt wieder. Vielleicht schon bald." Und doch gibt es einen Unterschied.

Jesus kündigt ein Wiedersehen an, das jedes andere Wiedersehen in den Schatten stellt. „Ich will euch wiedersehen, und euer Herz soll sich freuen …, und an jenem Tag werdet ihr mich nichts fragen."

Ihr werdet mich nicht mehr fragen, warum es – trotz Ostern! – den Tod noch gibt und wir uns von geliebten Menschen verabschieden müssen. Ihr werdet mich nicht mehr fragen, warum es – trotz des Friedens Christi! – den Krieg noch gibt und Menschen einander töten. Ihr werdet mich schließlich und endlich nicht mehr fragen, warum es – trotz der Gerechtigkeit Gottes! – so ungerecht zugeht auf der Welt und die Reichen die Armen missachten. Das alles werdet ihr nicht mehr fragen, weil es keine Frage mehr ist. Weil für alle und überall fraglos Leben, also Frieden und Gerechtigkeit, herrschen werden.

Wann wird das sein? Jener Tag, an dem wir ihn nichts mehr fragen werden?

Es ist offensichtlich, dass dieser Tag noch nicht gekommen ist, solange wir uns noch von Menschen verabschieden müssen, solange unser Herz immer wieder Trauer und nicht nur Freude spürt.

Doch etwas ist anders geworden seit Ostern. Auch wenn die große Verwandlung unserer Traurigkeit in alles überstrahlende Freude noch nicht zu Ende ist, so findet sie doch immer wieder statt, hier und dort.

„Eine kleine Weile, dann werdet ihr mich sehen", versprach Jesus seinen Jüngern. Hätte er damit allein das Ende aller Dinge gemeint, dann wäre er reichlich spät dran – oder ein Zyniker, der mit unseren Hoffnungen spielt.

Doch nach dem Zeugnis der Bibel sollte er Recht behalten. Nach einer kleinen Weile erschien der Auferstandene der Maria Magdalena, den Jüngern, die sich aus Furcht in Jerusalem eingeschlossen hatten, dem Thomas, der zweifelte, den Jüngern am See Tiberias, Petrus und Johannes.

Und wir, liebe Gemeinde, wo sind wir in dieser Reihe?

Kommen wir auch vor in dieser Reihe? Gehören wir zu denen, die ihm begegnet sind? Oder eher zu denen, die weinen und klagen, weil sie sich verlassen fühlen, die sagen müssen: Schön wär's, aber wir wissen eigentlich nicht, was er da redet!

Ich glaube, dass in dieser Zwischenzeit zwischen Ostern und jenem Tag, an dem wir nichts mehr fragen werden, beides zu unserem Leben dazugehört. Momente der Gewissheit und der Klarheit, in denen wir uns am Leben freuen können und guter Hoffnung sind. Aber auch Momente, in denen wir uns von Gott und der Welt verlassen fühlen, wo uns der Mut sinkt und wir nicht mehr hoffen können, dass sich etwas zum Guten ändert. Beides gehört zum Leben dazu, die Begegnungen mit dem Leben und das Gefühl, von allen guten Geistern verlassen zu sein. Und meine Hoffnung ist, dass jeweils nur eine kleine Weile vergeht, bis die Trauer in Freude verwandelt wird.

Was mich in dieser Hoffnung bestärkt?

Es sind die Zeugnisse des Glaubens und der Hoffnung aus vielen Jahrhunderten, in denen Menschen die Erfahrung gemacht haben: der Auferstandene begegnet uns noch und immer wieder. Auch und gerade in Zeiten, die so voller Not sind, dass Weinen und Klagen zur alles beherrschenden Tonart werden könnten. Am Ende des Dreißigjährigen Krieges dichtete Paul Gerhardt in der zweiten Strophe seines Osterlieds „Auf, auf, mein Herz, mit Freuden" (EG 112) die Zeilen:

Er war ins Grab gesenket,
der Feind trieb groß Geschrei;
eh er's vermeint und denket,
ist Christus wieder frei
und ruft Viktoria,
schwingt fröhlich hier und da
sein Fähnlein als ein Held,
der Feld und Mut behält.

[Str. 1+2 singen.]

Mitten in der Zeit des Todes schwenkt das Leben seine Siegesfahne und macht einen neuen Anfang, vielleicht noch unter Tränen, aber einen neuen Anfang.

Solche fröhlichen Anfänge sind hier und da zu sehen:

Wo ein Mensch nach langer Krankheit alte Kräfte wieder spürt; wo etwas Schönes zwischen all' den Gebrauchsgegenständen dieser Welt aufscheint; wo Menschen auf Dialog statt Kampf setzen; wo eine Gemeinde sich im Wandel der Zeiten neu erfindet und ihren Weg geht; wo Menschen dem allgegenwärtigen Zynismus widerstehen und auf einen Neuanfang miteinander und der Welt setzen.

113

Es ist wohl kein Zufall, dass Jesus in seiner Abschiedsrede an die Jünger dafür das Bild der Geburt verwendet: „Eine Frau, ... wenn sie ... das Kind geboren hat, denkt sie nicht mehr an die Angst um der Freude willen, dass ein Menschen zur Welt gekommen ist."

Die Philosophin Hannah Arendt meinte: „Das Wunder besteht darin, dass überhaupt Menschen geboren werden, und mit ihnen der Neuanfang, den sie handelnd verwirklichen können kraft ihres Geborenseins. ... Dass man in der Welt Vertrauen haben und dass man für die Welt hoffen darf, ist vielleicht nirgends schöner ausgedrückt als in den Worten ...: Uns ist ein Kind geboren."[3]

Mit andern Worten: Als Menschen können wir immer neu anfangen. Wir sind unserer Vergangenheit nicht rettungslos ausgeliefert. Solange noch Menschen geboren werden, gibt es Grund zur Hoffnung für die Welt. Denn mit jedem Menschen, der geboren wird, erneuert Gott das Angesicht seiner Erde und wird selbst sichtbar unter uns als der Lebendige, der Leben schafft.

Liebe Gemeinde!

Als Christinnen und Christen kommen wir von Ostern her. Wir schauen darauf zurück und damit zugleich nach vorn, erwarten jenen Tag, an dem alle unsere Fragen verstummen, weil sie beantwortet sind. Und wir hoffen, dass es nur eine kleine Weile ist, bis wir wieder etwas zu sehen bekommen von der Gegenwart des Auferstandenen unter uns.

Vielleicht gleich beim Abendmahl, wenn wir einander ansehen von Angesicht zu Angesicht und schmecken und sehen, wie freundlich der Herr ist. Oder nach dem Gottesdienst, wenn wir zu Hause sind, oder wenigstens irgendwann im Laufe dieser Woche. Das Warten darauf sollten wir jedenfalls nicht aufgeben, weil es einen guten Grund dafür gibt, das Wort unseres Herrn, der uns verspricht:

„Ich will euch wiedersehen, und euer Herz soll sich freuen, und eure Freude soll niemand von euch nehmen."

Amen.

[Str. 3-5]

21.05.2017 – Rogate
Lk 11,5-13

Liebe Gemeinde!

„Such nicht viel – nimm Persil", so warb eine bekannte Düsseldorfer Firma schon im Jahr 1950 für ihr bekanntestes Produkt. Andere Firmen griffen den Imperativ als Werbestrategie, oder wie es neudeutsch heißt: einen Claim mit direkter Ansprache, auf und forderten: „Lass dich darauf ein!" – Melitta. „Mach mal Pause!" – Coca Cola. Oder: „Make the most of now!" – Vodafone.

Heute ist Werbung schon längst gesellschaftlich akzeptiert und muss nicht mehr derart mit der verbalen Brechstange operieren. Sie kann subtiler und manipulativer sein und löst so beim Adressaten weniger Widerstand aus. Denn: Die Konsumenten wollen sich nicht sagen lassen, was sie zu tun haben. Und alle, die unter 18 sind, lassen sich sowieso nichts vorschreiben.

Ich glaube, so verhält es sich auch mit dem dritten bis fünften Sonntag nach Ostern. Ihre Namen sprechen uns auch sehr direkt an: Jubilate – jubelt! Kantate – singt! Rogate – betet! Dabei kommt mir der heutige Name besonders schwierig vor. Zum Jubeln lassen wir uns gerne auffordern, zum Singen vielleicht auch noch, aber zum Beten?

Beten ist heute für die meisten Menschen, wenn es nicht gerade im Gottesdienst öffentlich geschieht, eine Privatsache. Da lassen wir uns nicht gerne reinreden, geschweige denn zu irgendetwas drängen, schon gar nicht von der Kirche. Und überhaupt: Wer hat schon Zeit zum Beten in unserer 24/7-Nonstop-Kultur, in der sich die Schreibtische unter To do-Listen biegen?

Martin Luther hatte – wen wundert es – zu diesem Thema eine ganz eigene Meinung, die schon damals nicht allen gefiel. In seinen berühmt-berüchtigten Tischreden provozierte er seine Gesprächspartner gerne, unter anderem so:

„Ich habe heute viel zu tun, darum muss ich heute viel beten."

Ein Satz, der auch in den Ohren der Menschen damals verrückt klang. Wenn viel zu tun ist, ausgerechnet mit dem Unwichtigsten zu beginnen, das scheint seltsam. Woher aber kommt diese eigenwillige Prioritätensetzung?

Gehen wir ruhig mal davon aus, Luther kam beim Bibellesen auf diesen Gedanken, denn von dem Buch hielt er bekanntlich viel, sicherlich auch von dem heutigen Predigttext aus Lukas 11. Dort erzählt Jesus seinen Jüngern eine Geschichte.

5 Und er sprach zu ihnen: Wer unter euch hat einen Freund und ginge zu ihm um Mitternacht und spräche zu ihm: Lieber Freund, leih mir drei Brote; 6 denn mein Freund ist zu mir gekommen

auf der Reise, und ich habe nichts, was ich ihm vorsetzen kann, 7 und der drinnen würde antworten und sprechen: Mach mir keine Unruhe! Die Tür ist schon zugeschlossen und meine Kinder und ich liegen schon zu Bett; ich kann nicht aufstehen und dir etwas geben. 8 Ich sage euch: Und wenn er schon nicht aufsteht und ihm etwas gibt, weil er sein Freund ist, so wird er doch wegen seines unverschämten Drängens aufstehen und ihm geben, so viel er bedarf.

9 Und ich sage euch auch: Bittet, so wird euch gegeben; suchet, so werdet ihr finden; klopfet an, so wird euch aufgetan. 10 Denn wer da bittet, der empfängt; und wer da sucht, der findet; und wer da anklopft, dem wird aufgetan.

11 Wo bittet unter euch ein Sohn den Vater um einen Fisch, und der gibt ihm statt des Fisches eine Schlange? 12 Oder gibt ihm, wenn er um ein Ei bittet, einen Skorpion? 13 Wenn nun ihr, die ihr böse seid, euren Kindern gute Gaben zu geben wisst, wie viel mehr wird der Vater im Himmel den Heiligen Geist geben denen, die ihn bitten!

Dieser Abschnitt aus dem Lukasevangelium gehört in den größeren Zusammenhang des sog. Reiseberichts. In ihm erzählt Lukas vom Weg Jesu aus Galiläa nach Jerusalem. Ein Weg, der symbolisch für unseren Weg als Gemeinde steht. Auch wir sind unterwegs von Galiläa nach Jerusalem. Wir kommen von Ostern her und sind auf dem Weg, gehen Gottes Reich entgegen, dorthin, wo wir die Gegenwart Gottes erwarten. Für diesen Weg gibt uns Jesus etwas an die Hand, ein Vademecum, ein Handbuch mit Angaben, was wir auf dem Weg wissen und können sollen.

Darin zwei Kapitel: 1. Was wir beten sollen. 2. Wie wir beten sollen.

Das erste Kapitel kennen wir gut. Das Vaterunser-Gebet sprechen wir in jedem Gottesdienst. Eben haben wir es mit dem letzten Lied schon anklingen lassen.

Das zweite Kapitel hat mit unserer Haltung beim Beten zu tun. So gewiss wie ein Freund uns Brot gibt, selbst zu nachtschlafender Zeit, so gewiss hört Gott unser Gebet. Und so gewiss wir unseren Kindern das Beste geben, was wir haben und können, so gewiss gibt Gott uns das Beste, was er für uns hat: seinen Geist. Seinen Atem, der uns jeden Tag aufs Neue Leben einhaucht. Seine Kraft, die uns aufrichtet, Mut zum Leben und Freiheit vom Diktat der Meinungen und Dinge.

Im Alltag verheddern wir uns allzu leicht in einem Netz von Urteilen und Vorurteilen anderer, die uns sagen wollen, wer wir sind. Oft schneiden wir dabei schlecht ab, erscheinen uns selbst als zu dick, zu dünn, zu groß, zu klein, zu … was auch immer.

Gottes Geist macht aus uns Menschen, die Ja zu sich sagen können, weil Gott Ja zu uns sagt. Im Gebet geben wir diesem Ja Gottes Raum.

Im Alltag lassen wir uns bestimmen von Prioritäten, die oft nicht unsere eigenen sind. Die Traumfigur, der perfekte Haushalt, das alles entscheidende Projekt, der Imperativ „Größer, Schneller, Weiter, Höher".

Gottes Geist macht aus uns Menschen, die Abstand gewinnen von diesen Forderungen, die für allzu viele zur Überforderung werden, weil sie jedes gesunde Maß verloren haben.

Das Gebet ist demgegenüber ein Akt der Freiheit.

Wir müssen uns nicht abfinden mit dem, wie es ist. Mitten in den Notwendigkeiten und Bindungen des Lebens bricht die Freiheit auf. Die Leidenschaft, die Dinge anders zu sehen und anders zu tun.

Das Gebet schenkt ein weites Herz.[4]

Wo es zuvor eng wurde unter dem Druck unerbittlicher Forderungen, da wird es jetzt zu einem Resonanzraum des Vertrauens auf Gott, der für uns sorgt, für das tägliche Brot und für eine Hoffnung, die unser eigenes Leben übersteigt.

Es tut gut, um das tägliche Brot zu bitten, weil wir uns selbst dadurch neu kennenlernen. Als Menschen, die sich nicht selbst alles geben müssen, sondern angewiesen sind auf andere, verletzlich und gerade darum lebendig.

Es tut gut, um Gottes Reich zu bitten, weil wir uns selbst dadurch begrenzen. Als Menschen, die endlich sind und gerade darum ganz im Hier und Heute leben.

„Ich habe heute viel zu tun, darum muss ich heute viel beten."

Luthers Satz drückt die Erkenntnis aus, dass Beten unser Vertrauen und unsere Freiheit stärkt. Und in diesem Vertrauen, in dieser Freiheit geht auch die alltägliche Arbeit leichter von der Hand. Damit ist nicht alles leicht im Leben, aber es erleichtert doch das Herz von einem Druck, der ansonsten unerträglich würde.

Das Gebet dürfte in den seltensten Fällen himmlische Visionen und spirituelle Feuerwerke entfesseln. Aber es schafft Raum zum Atmen und Mut für den nächsten Schritt, heute und Tag für Tag.

Und am Ende ist es wohl mit dem Beten wie mit dem Vorsatz mehr Sport zu treiben. Es hilft nur bedingt, wenn man weiß, wie gesund Sport ist. Es kommt aufs Machen an.

Wer also möchte, dass ihm Mut und Freiheit gegeben werden, der bitte darum.

Wer das Leben finden will, der suche danach.

Und wer den Raum des Vertrauens betreten will, der klopfe an.

In diesem Sinne sollten wir doch das Beten öfter mal auf die To Do-Liste setzen.

Vielleicht so wie in dieser zeitgenössischen Vaterunser-Übertragung, mit der ich schließe:

Ein Mensch spricht zu Jesus:
„Sag mir dein Gebet."
Jesus überlegt. Dann sagt er:
„Mein Gott,
du träumst von deiner Welt.
Ich träume mit dir.
Ich tue alles dafür, dass sie Wirklichkeit wird.
Mach mich satt.
Verzeih meine Schwäche,
und hilf mir zu verzeihen.
Mach mich frei.
Ich gehöre dir,
du gehörst mir.
Immer und ewig."
Er macht ein Pause. Dann sagt er:
„So ist es."

Amen.

04.06.2017 – Pfingstsonntag
Joh 16,5-15

Liebe Gemeinde!

„Was ich noch zu sagen hätte, dauert eine Zigarette und ein letztes Glas im Steh'n", dichtete Reinhard Mey vor Urzeiten. Abgesehen davon, dass man damals noch rauchte, schuf er damit einen Klassiker, mit dem er die Abschiedssituation am Ende einer Party aufs Korn nahm: Letzte Worte können lang werden und wenn man es erst mal bis in den Hausflur geschafft hat, dann dauert es noch eine halbe Stunde.

Wohl dem, der hier das rechte Maß findet.

So dachte wohl auch Jesus, als er sich von seinen Jüngern verabschiedete und ihnen sagte: „Ich habe euch noch viel zu sagen", aber nicht jetzt, sondern später. Wer sich so verabschiedet, der kann sicher sein, im Gedächtnis der Angesprochenen zu bleiben, schafft er doch eine Erwartung: Da kommt noch was. Von dem werden wir noch hören. Doch wann und wie? Und vor allem was?

Im Predigttext für das Pfingstfest finden wir Hinweise. Jesus sprach zu seinen Jüngern:

5 Jetzt aber gehe ich hin zu dem, der mich gesandt hat; und niemand von euch fragt mich: Wo gehst du hin? 6 Doch weil ich dies zu euch gere-

det habe, ist euer Herz voll Trauer. 7 Aber ich sage euch die Wahrheit: Es ist gut für euch, dass ich weggehe. Denn wenn ich nicht weggehe, kommt der Tröster nicht zu euch. Wenn ich aber gehe, werde ich ihn zu euch senden. 8 Und wenn er kommt, wird er der Welt die Augen auftun über die Sünde und über die Gerechtigkeit und über das Gericht; 9 über die Sünde: dass sie nicht an mich glauben; 10 über die Gerechtigkeit: dass ich zum Vater gehe und ihr mich hinfort nicht seht; 11 über das Gericht: dass der Fürst dieser Welt gerichtet ist. 12 Ich habe euch noch viel zu sagen; aber ihr könnt es jetzt nicht ertragen. 13 Wenn aber jener kommt, der Geist der Wahrheit, wird er euch in aller Wahrheit leiten. Denn er wird nicht aus sich selber reden; sondern was er hören wird, das wird er reden, und was zukünftig ist, wird er euch verkündigen. 14 Er wird mich verherrlichen; denn von dem Meinen wird er's nehmen und euch verkündigen. 15 Alles, was der Vater hat, das ist mein. Darum habe ich gesagt: Er nimmt es von dem Meinen und wird es euch verkündigen.

Diese Rede Jesu im Johannesevangelium gibt uns Hinweise, was von ihm zu hören ist. Es ist die Rede eines Lehrers, der sich von seinen Schülerinnen und Schülern verabschiedet. Von Menschen, die seine Lebensschule besucht und schon einiges von ihm gelernt haben. Genug jedenfalls, um wenigstens eins zu verstehen: Sie können Jesus nicht festhalten. Der Auferstandene lebt und wirkt für alle Menschen und darum spricht er auch zu allen Menschen, wann und wo er es will. Darum sagt Jesus: „Es ist gut für euch, dass ich weggehe", denn es kommt ein anderer, der Geist, der meine Worte für alle Menschen, an allen Orten und zu allen Zeiten sagt, damit auch sie mich verstehen.

Im Johannesevangelium heißt dieser Geist „Paraklet", Luther übersetzte „Tröster". Doch in dem griechischen Wort schwingt auch noch etwas anderes mit. „Paraklet" heißt wörtlich der „Herbeigerufene", lateinisch der „Advocatus", wir können auch übersetzen der „Anwalt". Es kommt also, wenn der Geist kommt, der Anwalt der Sache Jesu[5], sein Anwalt in der Welt und in der Kirche. Und dieser Anwalt kommt mit der ganzen Überzeugungskraft und österlichen Lebendigkeit des Auferstandenen, der die Mächte des Todes in ihre Schranken gewiesen hat.

Wir, liebe Gemeinde, hören diese Rede heute, am Pfingstfest, dem Geburtstag der Kirche. Mit diesem Bild verdeutlichen wir uns, was das Pfingstfest ist und worum es heute geht. Dieses Bild vom Geburtstag der Kirche passt gut, wenn wir an die Ereignisse denken, von denen wir eben in der Lesung (Apg 2,1-18) gehört haben.

125

Menschen unterschiedlicher Sprachen und Nationen empfingen den Geist Gottes und wurden neu geschaffen zu einer Gemeinschaft, die es so zuvor nicht gegeben hatte. Von dieser Geburt der Kirche erzählt die Apostelgeschichte.

Wenn wir heute allerdings das Geburtstagskind fragen: „Wie alt wirst du denn?", dann wird das Bild vom Geburtstag der Kirche ein wenig schief. Was soll man da sagen? Vielleicht 2000 Jahre plus minus X? Oder 500 im Jahr der Reformation? Jedenfalls ziemlich alt. Und manchmal fühlen wir uns als Kirche auch so, oder?

Vor allem dann, wenn wir Angst um uns selbst haben, um unsere Relevanz für diese Gesellschaft, Angst um unsere Zukunft!

Immer dann, wenn uns diese Alterserscheinungen umtreiben, dann ist es gut, sich zu erinnern: Dieser Geist, aus dem damals die Kirche geboren wurde, der ist auch heute immer wieder lebendig unter uns. Wann immer er zu uns kommt, wird die Kirche mitten unter uns neu geboren, dann feiern wir ihre Geburt. Wir sind der Kreißsaal der Kirche, auch hier und heute. Heute wird sie geboren, wo immer Gottes Geist wirkt, heute lässt dieser Geist die Stimme Jesu unter uns lautwerden und verschafft ihr aufs Neue Gehör.

„Ich habe euch noch viel zu sagen", damit sind wir gemeint. Und die Stimme dessen, der damals zu den Jüngern gesprochen hat, spricht heute auch zu uns.

Oder, mit den Worten unserer amerikanischen Partnerkirche „United Church of Christ" (UCC), von der wir vor zwei Wochen hatten:

„God is still speaking" – Gott spricht noch und immer wieder. Darum ist die erste und wichtigste Aufgabe, die wir als Kirche haben, auf diese Stimme zu hören. Eine Stimme, die uns begegnet, wo und wann Gott es will. Übrigens nicht nur zwischen den Buchdeckeln der Bibel, aber ganz gewiss in den Worten Jesu.

Was ist es denn, was er uns zu sagen hat?

Sowenig wir seine Worte vorweg nehmen können, sosehr gibt uns Jesus in seiner Rede doch Hinweise, was seine Worte im Tiefsten bewirken.

„Ich sage euch die Wahrheit", sagte er seinen Jüngern und nennt den Geist den Geist der Wahrheit, der wird „euch in aller Wahrheit leiten".

Wahrheit also werden wir immer wieder hören, die Wahrheit über uns selbst und über die Welt.

Wie bitter nötig wir Wahrheit brauchen, spürt jeder, der das Zeitgeschehen verfolgt. Als Ende Januar 2017 alle Informationen zum Klimawandel von der Website des Weißen Hauses gelöscht wurden, weil diese Fakten nicht mehr zum politischen Kurs des neuen Präsidenten passten, da wurde die Idee zum „March for Science" geboren. 40.000 Wissenschaftlerinnen und Wissenschaftler versammelten sich in Washington, um für die Freiheit der Forschung zu demonstrieren. Sie zeigten damit auch: Die Wahrheit lässt sich verleugnen, aber sie ist in der Welt und es gibt Menschen, die in ihrem Namen sprechen, die der Wahrheit eine Stimme geben, die nicht verstummen werden, gleichgültig ob es politisch opportun ist oder nicht. Die Wahrheit ist stark, sie setzt sich durch, sie lässt sich nicht kleinkriegen, auch wenn sie unbequem ist.

Was für die Wahrheit in der Wissenschaft gilt, das stimmt auch für die Wahrheit im Glauben. Wenn der Geist der Wahrheit kommt, „wird er der Welt die Augen auftun über die Sünde und über die Gerechtigkeit und über das Gericht", sagte Jesus seinen Jüngern.

Wir haben heute Schwierigkeiten, diese alten Wörter – Sünde, Gerechtigkeit, Gericht – in Beziehung zu uns zu setzen. Das hat auch damit zu tun, dass sie eine lange Geschichte hinter sich haben und vielfach gebraucht, sicherlich auch missbraucht wurden. Dennoch ist ihr Inhalt auch heute noch für uns bedeutsam, weil sie Wahrheit enthalten. Wahrheit über uns Menschen.

Im Sinne Jesu meint „Sünde" ja nicht irgendwelche moralischen Verfehlungen, sondern einen grundlegenden Mangel an Vertrauen. Fehlendes

Vertrauen zuerst gegenüber Gott, dann aber auch im Verhältnis zu anderen Menschen. Beides brauchen wir aber, um gut und hoffnungsvoll leben zu können. Vertrauen zu Gott, damit meine ich ein Grundgefühl im Leben, nämlich: Es ist gut und richtig, dass ich auf der Welt bin, weil Gott mich geschaffen hat. Und es ist gut und richtig, dass ich nicht alleine bin, sondern geschaffen mit anderen, mit Menschen und Tieren, mit allem, was lebt und leben will wie ich.[6]

Dieses Vertrauen ist natürlich nicht immer einfach da. Es ist mal stärker, mal schwächer. Es ist mal nur noch ein kleiner Funken Glut unter der Asche des Lebens, mal ein Feuerwerk der Lebensfreude und der Zuversicht, wie vor zwei Wochen beim Japan-Tag.

Die Gründe, warum solches Vertrauen mal stark ist und mal schwach, manchmal vielleicht ganz fehlt, sind so individuell wie die Menschen, die hier heute Morgen sitzen. Darum ist es gut, dass der Geist kommt, zu jedem von uns kommt, als Anwalt des Vertrauens, der in uns, in unserem Herzen, und unter uns, in unserer Gemeinschaft um unser Vertrauen wirbt – zu Gott und auch zueinander, unseren Schwestern und Brüdern.

Wie bitter nötig wir Vertrauen brauchen, zeigt sich vor allem dann, wenn es fehlt. Wir wissen mittlerweile, dass Menschen, die ausgegrenzt und einsam sind, viel leichter als andere zu Opfern politischer Manipulation werden. Wer sich von allen guten Geistern verlassen fühlt, der hat schneller Angst, glaubt an Verschwörungstheorien und neigt dazu, dem starken Mann zu glauben – oder einfach nur dem, der so tut, als ob er ein starker Mann oder eine starke Frau wäre.

Wo Vertrauen fehlt, da blüht die Angst, aber auch der Irrtum. Oft auch der bewusst herbeigeführte Irrtum, die Lüge. Darum die deutliche Warnung aus dem Munde Jesu: „Der Fürst dieser Welt [ist] gerichtet", die autoritären Herrscher, die mit der Angst der Menschen spielen, die ihre Sehnsucht nach Vertrauen skrupellos ausnutzen, die haben keine Zukunft und darum verdienen sie unser Vertrauen nicht.

Welche zerstörerische Wirkung von autoritären Führern ausgehen kann, berichtete Nadja Bolz-Weber, eine lutherische Pastorin aus den USA kürzlich beim Kirchentag. Seit den Lügenkampagnen der aktuellen Regierung dort und ihrem Spiel mit der Angst stellt sie im Blick auf ihre Gemeinde fest: „Die geistige Gesundheit der Leute in meiner Gemeinschaft ist drastisch erodiert seit der Wahl Trumps."[7] Bei Menschen, die nicht zu den von der Regierung geschätzten Gruppen gehören, bei Einwanderern oder Homosexuellen, stellt sie vermehrt Depressionen und Ängste fest. Noch einmal Nadja Bolz-Weber: „Die mentale Gesundheit von Leuten in meiner Gemeinschaft, die bereits marginalisiert sind, ist noch schlechter geworden. Was am Ende passieren wird, weiß ich nicht, aber ich kann Ihnen sagen, was jetzt schon passiert ist. Das macht mich wütend. Trump hat die schlimmsten Instinkte unseres Menschseins hervorgelockt."[8]

Liebe Gemeinde!

„Der Fürst dieser Welt [ist] gerichtet", den Agenten und Profiteuren der Angst gehört nicht die Zukunft, sondern dem Geist der Wahrheit, der kommt und unser Vertrauen stärkt. Die Flammen dieses Geistes lodern auch heute noch und stärken in uns das Feuer des Glaubens, machen uns zu Menschen, die in der Nachfolge Jesu hören und handeln. Hören auf die Stimme Gottes, Handeln im Geist der Wahrheit.

Wer sich auf diesen Geist einlässt, der wird erleben: die besten Seiten unseres Menschseins blühen auf.

Uns zur Freude, den Menschen zum Besten und Gott zur Ehre!

Amen.

18.06.2017 – Erster Sonntag nach Trinitatis
Joh 5,39-47(41-44)

Liebe Gemeinde!

Gut drei Wochen ist es her, dass die zwölfte Staffel von „Germany's Next Topmodel" zu Ende ging. Ausgerechnet am Himmelfahrtstag wurde die 18-jährige Céline unter multimedialem Rummel in den vermeintlichen Model-Himmel geschossen. Ob dieser Höhenflug von Dauer ist, ob er irgendwohin führt, außer zum Absturz, ob er insbesondere den Schulabbruch der Kandidatin rechtfertigt, das alles muss sich noch herausstellen.

Die Erfahrungen vorheriger Gewinnerinnen stimmen skeptisch. Einige haben wohl noch mit der Glitzerwelt der Unterhaltungsindustrie zu tun, andere arbeiten mittlerweile in Verwaltungsjobs – etwas, was sie vermutlich nie wollten –, nicht wenige haben sich mit anwaltlicher Hilfe aus den Knebelverträgen, die ihnen in der Show aufgezwungen werden, gelöst.

Warum rede ich hier über diese Sendung?

Weil sie stellvertretend für viele andere steht, bei denen Menschen lernen, sich in den Mittelpunkt zu stellen und möglichst gut zu verkaufen. Sie werden zu Modellen – im wahrsten Sinne des Wortes – eines Lebensentwurfs gemacht, in dem „der Schein das Sein, die Geste den Geist, die Form den Inhalt immer mehr verdrängt"[9].

Schönheit gilt als Leistung, das Leben überhaupt gilt als Leistung. die erbracht werden muss, um in den Augen der anderen, in den Augen des Publikums zu bestehen.

Wer Aufmerksamkeit und Zustimmung erhält, der gewinnt. Wer dies nicht schafft, steht dumm da, ist ein Verlierer. Und ein Verlierer zu sein, ist das Schlimmste, was man heute über einen Menschen sagen kann. Denn der Verlierer muss sich schämen, verliert nicht nur einen Wettbewerb, sondern verliert die Aussicht auf Glück, verliert sich selbst.

Diese brutale Logik ist so allgegenwärtig, dass wir uns ihr kaum entziehen können. Jesus hält uns einen Spiegel vor. Er spricht zu seinen Jüngern:

41 Ich nehme nicht Ehre von Menschen an; 42 aber ich kenne euch, dass ihr nicht Gottes Liebe in euch habt. 43 Ich bin gekommen in meines Vaters Namen, und ihr nehmt mich nicht an. Wenn ein anderer kommen wird in seinem eigenen Namen, den werdet ihr annehmen. 44 Wie könnt ihr glauben, die ihr Ehre voneinander annehmt, und die Ehre, die von dem alleinigen Gott ist, sucht ihr nicht?

Eine harte Rede Jesu! Ihre Härte erklärt sich zum Teil aus ihren Adressaten. Im Zusammenhang von Johannes 5 spricht Jesus die Juden an, genauer diejenigen unter ihnen, die ihn nicht als Messias anerkennen. Ihnen wirft er vor, sie suchten ihren eigenen Ruhm und nicht die Ehre Gottes in ihrer Frömmigkeit.

Was auch immer damals an diesem Vorwurf dran gewesen sein mag, eins ist sicher: Es gibt damals wie heute Menschen, die vor allem ihre eigene Ehre suchen, ob nun in der Religion oder auf anderem Wege. Damals waren es immer wieder die Schriftgelehrten, die sich mit ihrer Bibelkenntnis brüsteten und darüber den eigentlichen Inhalt der Bibel vergaßen: die Ehre Gottes und ein Leben nach seinen Geboten. Heute kann man sich mit Bibelkenntnis kaum noch brüsten, aber die Suche oder sogar die Sucht nach der eigenen Ehre ist ein wohlbekanntes Phänomen. Da sind halbwüchsige Mädchen, die über Laufstege staksen, noch das Harmloseste.

Als der derzeitige Bewohner des Weißen Hauses in Washington vergangene Woche seine erste Kabinettssitzung abhielt, da eröffnete er sie mit einem langen Eigenlob und ließ sich anschließend ausführlich von seinen Ministern huldigen.

„Wie könnt ihr glauben, die ihr Ehre voneinander annehmt, und die Ehre, die von dem alleinigen Gott ist, sucht ihr nicht?", diese Frage Jesu trifft den Kern der Sache. Die Sucht nach dem positiven Image kann blind machen. Blind für die Gegenwart Gottes in der Welt und blind für das eigene Leben.

Als Jesus Zeichen und Wunder tat, als er Menschen im Namen Gottes heilte, da warfen ihm diejenigen, die es aufgrund ihrer Bibelkenntnis hätten besser wissen können, vor, er verstoße gegen Gottes Gebot. Für Jesus war die Not des konkreten Menschen vor ihm wichtiger als das Sabbatgebot. Im Zweifelsfall entschied er sich dafür zu helfen, und nicht dafür, stur eine Regel zu befolgen. Daran erkennen wir, dass es ihm um die Ehre Gottes ging und nicht um die eigene. Denn „die Ehre Gottes ist der lebendige Mensch"[10]. Seine Kritiker konnten das nicht anerkennen. Sie verschlossen sich in ihrer Feindschaft gegen Jesus, letztlich in ihrer Feindschaft gegen Gott, der ja gerade so, in und mit Jesus, in der Welt sein wollte.

Die Feindschaft, die Jesus damals am eigenen Leib erlitten hat, erleiden auch heute noch Menschen, die ihm nachfolgen. Es gibt Schätzungen, nach denen das Christentum heute die weltweit am meisten verfolgte Religion ist. Besonders in Nordkorea, aber auch in Teilen von China ist dies der Fall.[11] Wo es Menschen um die Ehre Gottes geht, da entzündet sich Widerstand. Widerstand von denjenigen, die vor allem ihre eigene Ehre suchen.

Dabei wäre genau das heilsam, die Ehre Gottes zu suchen! Daran werden wir in diesem Jahr, in dem wir 500 Jahre Reformation feiern, noch einmal deutlich erinnert.

„Soli Deo gloria", allein Gott die Ehre, darum ging es den Reformatoren damals.[12]

Damit meinten sie, wer glaubt, wer sich im Leben und im Sterben ganz auf Gott verlässt, sein Vertrauen auf ihn setzt, der gibt Gott die Ehre und findet genau darin auch seine eigene Ehre.

Luther hatte diese Erfahrung beim Lesen der Bibel neu gemacht. Wer glaubt, gibt Gott die Ehre, und erfährt gerade so: Ich bin anerkannt bei Gott, auch wenn ich es nicht verdient habe. Einfach so. Geschenkt! Wenn Gott uns so anerkennt und würdigt, ohne Vorbedingen und unverdient, dann entwickeln wir ein Gefühl für die eigene, unantastbare Würde als Menschen. Natürlich wird diese Würde immer wieder angetastet, sie wird missachtet durch Gewalt, Zurücksetzung, Enttäuschung, Benachteiligung oder Ungerechtigkeit. Doch Gottes Zusage dagegen ist unverbrüchlich.[13]

Liebe Gemeinde!

Vor gut 350 Jahren stellte Paul Gerhardt eine rhetorische Frage, die mir immer noch erstaunlich aktuell vorkommt: „Habt ich das Haupt zum Freunde und bin geliebt bei Gott, was kann mir tun der Feinde und Widersacher Rott?" (EG 351,1)

Antwort: Nichts!

Wenn Gott mein Freund ist – und er ist es –, dann bin ich anerkannt und gewürdigt. Dann können mich Menschen vielleicht noch verletzen, aber nicht mehr vernichten. Dann ist Internet-Mobbing immer noch nicht harmlos, aber es bringt mich nicht mehr um. Dann sind Likes und positive Kommentare bei Facebook nicht mehr das Wichtigste im Leben.

Darum lasst uns, lieber Schwestern und Brüder, Gott die Ehre geben. Lasst uns achten auf die Würde, die er uns gibt, und einander bestärken in dieser Würde und in diesem Glauben.

Amen.

10.09.2017 – 13. Sonntag nach Trinitatis
Mk 3,31-35

Liebe Gemeinde!

Es gibt im Leben eines Sohnes immer wieder heikle Momente. Einige davon haben mit den eigenen Eltern zu tun. Ein ziemlich heikler Moment tritt dann ein, wenn der Sohn gerade etwas sehr Wichtiges tut und dann nimmt ihn plötzlich jemand zur Seite und sagt: Du, deine Mutter steht da draußen und möchte mit dir sprechen. Was bei kleineren Kindern oft nach Freude auslöst, führt bei Teenagern nicht selten zu blankem Entsetzen, bei Erwachsenen verhält es sich mal so und mal so.

Wie gesagt, ein heikler Moment.

Jesus erlebte diesen Moment, als er in ein Haus in Galiläa gegangen war und dort mit Schriftgelehrten aus Jerusalem diskutierte. Diese waren extra angereist, um ihn zu begutachten. Sie bezichtigten ihn, mit dem Teufel im Bunde zu sein. Als Jesus sich gerade mit einem Gleichnis dagegen wehrte, da standen seine Mutter und seine Brüder vor der Tür.

Markus erzählt (3,31-35):

31 Und es kamen seine Mutter und seine Brüder und standen draußen, schickten zu ihm und ließen ihn rufen. 32 Und das Volk saß um ihn. Und sie sprachen zu ihm: Siehe, deine Mutter

138

und deine Brüder und deine Schwestern draußen fragen nach dir. 33 Und er antwortete ihnen und sprach: Wer ist meine Mutter und meine Brüder? 34 Und er sah ringsum auf die, die um ihn im Kreise saßen, und sprach: Siehe, das ist meine Mutter und das sind meine Brüder! 35 Denn wer Gottes Willen tut, der ist mein Bruder und meine Schwester und meine Mutter.

Ein heikler Moment, von dem Markus erzählt. Schroff reagierte Jesus auf die Nachricht, seine Verwandten wollten mit ihm sprechen. Nicht nur wie ein Teenager, der ein bisschen genervt ist, sondern ironisch, indem er seine Verwandten verleugnete. „Wer ist meine Mutter und meine Brüder?", fragte er, als ob sie ihm unbekannt seien.

In der bürgerlichen Gesellschaft hat diese Episode aus dem Leben Jesu immer wieder für Kopfschütteln gesorgt. Wo die Familie als Keimzelle der Gesellschaft hochgeschätzt wird, da muss ein solches Verhalten befremden. Und viele haben bestimmt auch noch die Szene aus dem WM-Finale 2006 im Kopf. Der französische Star Zinedine Zidane versetzte dem gegnerischen Spieler Marco Materazzi einen Kopfstoß. Wochenlang rätselte die Fußballwelt, was ihn dazu veranlasst haben könnte, seine glänzende Karriere derart unrühmlich zu beenden. Dann gestand Materazzi, er habe Zidanes Schwester eine Prostituierte genannt. Die Beleidigung der Schwester, der Mutter oder eines anderen nahen Verwandten ist in vielen Kulturen unverzeihlich.

Auch in der Kirche schätzen wir die Familie sehr. Wir bieten Veranstaltungen für Familien an und hoffen darauf, dass in den Familien der Glaube weitergegeben wird.

Was fangen wir also heute mit dieser Provokation Jesu an?

Schauen wir noch einmal genauer hin, was Markus erzählt.

„Das Volk saß um ihn", erzählt Markus. Dieser Stuhlkreis in einem galiläischen Haus, das ist die Kirche Jesu Christi. Das sind diejenigen, die sich um Christus, ihren Herrn, versammelt haben. Wie selbstverständlich gehen sie davon aus, dass es auch in der Kirche Insider und Outsider gibt. Jesu Familie, seine leiblichen Verwandten, müssen ihm doch näherstehen als alle anderen, davon gingen in diesem Haus alle aus, als sie Jesus sagten: „Siehe, deine Mutter und deine Brüder … draußen fragen nach dir."

Auch wenn wir über die Kirche reden, unterscheiden wir mit großer Selbstverständlichkeit zwischen Insidern und Outsidern. Wir sprechen von der Kerngemeinde und meinen diejenigen, die regelmäßig am Gottesdienst teilnehmen, zu Gemeindegruppen gehören oder sich ehrenamtlich engagieren. Und wir sprechen von den Mitgliedern, die nicht am Gemeindeleben teilnehmen, die wir gerne erreichen und beteiligen wollen. Wenn diejenigen, die sich als Insider verstehen, von diesen anderen sprechen, dann schleicht sich schnell ein kritischer Unterton ein. Da ist von der „schweigenden Mehrheit" die Rede, die sich nicht zu Wort meldet, von „getauften Heiden", manchmal sogar von „Karteileichen".

Und umgekehrt übernehmen diejenigen, die „nur" Mitglieder der evangelischen Kirche sind, diese Beschreibung für sich selbst und sagen Sätze zwischen Bedauern und Entschuldigung: „Ich bin zwar Mitglied, aber nicht so aktiv", als wäre die Finanzierung der Kirche nichts. Oder: „Ich renne zwar nicht ständig in die Kirche, bete aber abends", als müsste seltener Kirchgang durch vermehrtes Beten abgegolten werden.

Jesus aber blickt auf seine Kirche und kennt keine Verwandten. In seinen Augen gibt es keine Insider und Outsider. „Er sah ringsum auf die, die um ihn im Kreise saßen", erzählt Markus, „und sprach: Siehe, das ist meine Mutter und das sind meine Brüder!" Alle, die sich selbst zum Kreis der Christinnen und Christen zählen, die sich, in welcher Form auch immer, um diesen Jesus versammeln, gehören dazu. Und es ist nicht unsere Aufgabe, zwischen denen, die „so richtig", und denen, die „nur halb" dazugehören zu unterscheiden. Im Gegenteil!

Gerade denjenigen, die sich für Insider halten, die schon immer dabei waren, zeigt Jesus, wie man wirklich in seine Nähe kommt. Er gibt uns ein Kriterium an die Hand, nach dem er die Nähe zu sich selbst bemisst: „Wer Gottes Willen tut, der ist mein Bruder und meine Schwester und meine Mutter."

Nun könnte man meinen, damit sei ein besonders exklusiver Kreis von Menschen gemeint. Nur die besonders Frommen, die fleißigen Kirchgänger, die hoch Engagierten.

Ich verstehe Jesus an dieser Stelle genau anders. Indem er das Tun von Gottes Willen in den Mittelpunkt stellt, öffnet er den Kreis derjenigen, die zu ihm gehören.

Denn damals wie heute gibt es Menschen, die Gottes Willen tun, an allen Orten dieser Welt.

Wir haben manchmal Schwierigkeiten, uns das vorzustellen. Dann neigen wir dazu, zu klein zu denken. Nur die Familie zählt, nur der eigene Bezirk, der eigene Kirchturm, die eigene Gemeinde, das eigene Milieu, die eigene Bildungsschicht, die eigene Nation.

Gottes Familie aber ist immer größer als die Grenzen, die wir ziehen.

Als Christinnen und Christen sind wir Teil einer Familie, die immer wieder neu ihre Grenzen überschreitet und unverhofft neue Mitglieder einer weitverzweigten Verwandtschaft entdeckt.

Willkommen im Club! Willkommen im Kreis derer, die sich um Jesus versammeln, die nach Gottes Willen fragen.

„Wer Gottes Willen tut, der ist mein Bruder und meine Schwester und meine Mutter."

Jesus zeigt mit diesem Satz, dass es möglich ist, Gottes Willen zu tun. Wo wir uns um ihn versammeln, werden wir dazu befreit, den Willen Gottes zu erkennen und zu tun.

Martin Luther hat diese Freiheit mit zwei Sätzen umschrieben:

„Ein Christenmensch ist ein freier Herr über alle Dinge und niemand untertan." Und:

„Ein Christenmensch ist ein dienstbarer Knecht aller Dinge und jedermann untertan."[14]

Christus befreit uns zum Glauben. Immer wieder neu werden wir frei, unser Vertrauen auf Gott zu setzen, und mit diesem Vertrauen schwindet die Angst vor Menschen und Mächten, die uns einengen, die uns ängstlich und klein machen wollen. Und:

Christus befreit uns zur Liebe. Immer wieder neu werden wir frei, die engen Grenzen des Eigenen zu überschreiten, um wirklich beim anderen zu sein, ihn und seine Not zu sehen und zu helfen.

Für uns bedeutet das heute am Tag der Gemeindeversammlung:

Unsere Aufgabe in der Emmaus-Gemeinde sehe ich zuerst und vor allem darin, dass wir Brüder und Schwestern Jesu Christi werden.

Liebe Schwestern und Brüder – diese Anrede ist mehr als eine etwas angestaubte Floskel. Sie ist die Verpflichtung, gemeinsam nach Gottes Willen für uns zu fragen.

Auch heute in der Gemeindeversammlung und darüber hinaus in den Presbyterien und Synoden unserer Kirche.

[Oft heißt es heute, Synoden seien die Parlamente der Kirche, wo basisdemokratisch der Weg der Kirche bestimmt wird. Wenn das so wäre, dann wären Presbyterien und Kirchenleitungen Regierungen und die Mitglieder der Kirche die Regierten.

Manche Kirchenleitung versteht sich vielleicht auch so.

Doch in dem Haus der Kirche, das Jesus uns vor Augen stellt, gibt es keinen Regierungschef, keinen Patriarchen und keine Matriarchin, sondern nur einen Gott, nach dessen Willen wir gemeinsam fragen.]

Denn diese Frage ist nicht nur eine Verpflichtung, sie ist vor allem eine Verheißung.

Wo wir nach Gottes Willen fragen, werden wir erfahren wie kostbar Solidarität in dieser Welt ist. Sich nicht nur um sich selbst zu drehen und die eigenen Befürchtungen oder Wünsche, sondern beim anderen zu sein, gemeinsam auf den Weg zu gehen, das öffnet für die Schönheit von Gottes Welt und für eine gemeinsame Zukunft.

Wo wir nach Gottes Willen fragen, werden wir die Gaben der anderen entdecken, die anderer Herkunft sind, anderer Nationalität, Immigranten aus nah und fern, und wir werden spüren, dass wir alle Gaben brauchen, nicht nur die eigenen.

Das gilt übrigens auch für die Bildungspolitik in unserem Land: Wir brauchen alle Gaben, nicht nur die einiger weniger.

Und schließlich: Wo wir nach Gottes Willen fragen, da werden wir entdecken, dass es kein kostbareres Gut gibt, als Frieden und Gerechtigkeit in der einen Welt, in der wir leben.

Lasst uns daran glauben und dafür arbeiten.

Amen.

22.10.2017 – 19. Sonntag nach Trinitatis
Mk 1,32-39

Liebe Gemeinde!
Um 18.25 Uhr heute Abend geht die Sonne unter.

Für die einen ist es dann Zeit, sich auf einen schönen Sonntagabend einzustellen, gemütliches Licht anzumachen, vielleicht eine Kerze anzuzünden und eine Flasche Wein zu öffnen.

Für andere ist es die Zeit, in der schlimmer wird, woran sie leiden.

Von Halsschmerzen bis Melancholie wird abends schlimmer, was uns zu schaffen macht. Und manch einer spürt vielleicht besonders am Sonntagabend, wie sich die Sorgen der neuen Woche seiner bemächtigen. Was gestern noch unter der Erleichterung über das herbeigesehnte Wochenende verborgen war, kriecht heute Abend neu ins Bewusstsein und treibt Menschen um. Manchem hilft dagegen noch der Tatort, jenes Grauen, das gerade so dosiert ist, dass wir uns der eigenen Behaglichkeit vergewissern können. Anderen hilft auch das nicht mehr. Sie sind schon mit Haut und Haar besessen von dem, was sie am Montag wieder erwartet.

Kein Wunder also, dass auch Jesus seine Sprechstunde am Sonntagabend hielt.

Am Abend, als die Sonne untergegangen und der Sabbat vorbei war.

Im Evangelium nach Markus steht geschrieben:
32 Am Abend aber, da die Sonne untergegangen war, brachten sie zu ihm alle Kranken und Besessenen. 33 Und die ganze Stadt war versammelt vor der Tür.

34 Und er heilte viele, die an mancherlei Krankheiten litten, und trieb viele Dämonen aus und ließ die Dämonen nicht reden; denn sie kannten ihn.

35 Und am Morgen, noch vor Tage, stand er auf und ging hinaus. Und er ging an eine einsame Stätte und betete dort. 36 Und Simon und die bei ihm waren, eilten ihm nach. 37 Und da sie ihn fanden, sprachen sie zu ihm: Jedermann sucht dich. 38 Und er sprach zu ihnen: Lasst uns anderswohin gehen, in die nächsten Orte, dass ich auch dort predige; denn dazu bin ich gekommen. 39 Und er kam und predigte in ihren Synagogen in ganz Galiläa und trieb die Dämonen aus.

Vor einem guten Jahr sah ich sie zum ersten Mal auf der Girardetbrücke stehen, die nahe der Kö über den Stadtgraben führt. Zahlreiche Menschen, darunter viele Jugendliche, die in großer Zahl nebeneinander standen oder hockten und konzentriert auf ihre Smartphones schauten. „Hab' einen", rief einer laut und schubste vor Freude seinen Freund. Beide waren im virtuellen Monsterjagd-Fieber mit Pokemon-Go, dem Smartphone-Spiel des Sommers 2016.

Diejenigen, die damals selbst gespielt haben, werden sich lebhaft erinnern. Für alle anderen muss ich erklären: Pokemon-Go ist ein Programm, das über die Kamera des Smartphones Monster oder andere Fantasiewesen auf dem Bildschirm an realen Orten erscheinen lässt. Das Ziel des Spiels ist es, diese Monster dann zu fangen und zu züchten.

Warum ich ihnen das erzähle?

In unserer mehr oder weniger aufgeklärten Welt runzeln wir die Stirn, wenn in der Bibel von Dämonen, von Mächten und Gewalten die Rede ist. Sehr schnell neigen wir dazu, hier von Mythen zu sprechen und uns dem biblischen Weltbild überlegen zu fühlen.

Gleichzeitig sind heute reale Menschen bereit, sich in der realen Welt auf die Suche nach virtuellen Wesen zu machen. Sie legen in den Städten des 21. Jahrhunderts lange Wege zu Fuß zurück, um Monster-Eier auf ihren Handys auszubrüten.

Es ist also offensichtlich auch in unserer aufgeklärten Lebenswelt noch Platz für Dämonen und Geisterwesen. Diese Geisterwelt liegt unsichtbar in der realen Welt verborgen und ist nur durch die App, durch das Programm auf dem Smartphone erkennbar.

Die Geschichte von Jesus, die Markus uns erzählt, wirkt auch wie eine solche App. Wie ein Programm, das uns die Augen öffnet für unsichtbare Kräfte, die auf uns einwirken, die uns mit Leib, Seele und Geist besetzen, die uns ganz und gar in Anspruch nehmen und uns hierhin oder dorthin drängen.

Leider sind diese Kräfte nicht so freundlich wie die lustigen bunten Monster von Pokemon-Go. Wenn das Neue Testament von Dämonen erzählt, dann sehen wir Menschen, die unter einer zerstörerischen Macht leiden.

Menschen, die sich als unfrei erleben, die unter einem Zwang stehen, die nicht können, wie sie wollen, sondern müssen, was sie eigentlich nicht wollen.

Menschen, die innerlich und äußerlich förmlich zerrissen werden von Ansprüchen, die an ihnen ziehen und zerren in ganz unterschiedliche Richtungen.

Menschen, die zwanghaft immer wieder etwas tun, von dem sie wissen, dass es ihnen und anderen nicht guttut, dass es sie zerstört, und trotzdem können sie nicht aufhören.

Vieles davon erscheint auf den ersten Blick harmlos oder ist ein selbstverständlicher Teil unserer Kultur.

Es gibt den Alles-Sofort-Dämon. Den Zwang, über alles in Echtzeit informiert zu sein, auf alles schnellstmöglich zu reagieren.

Sein Lebensraum sind die neuen Medien.

Durch E-Mails, SMS und WhatsApp-Nachrichten wird der Alles-Sofort-Dämon gefüttert und gedeiht prächtig.

Und es gibt den Selbstoptimierungs-Dämon. Den Druck, sein eigenes Leben in allen Bereichen zu optimieren und öffentlich gut zu präsentieren.

Sein Lebensraum sind die Fitnessstudios und Laufstege.

Durch Germany's Next Topmodel, Fitness-Tracker und Selfies wird der Selbstoptimierungs-Dämon gefüttert und gedeiht prächtig.

Und es gibt den Leistungsträger-Dämon. Die Erwartung, in allen Lebensbereichen immer der Beste zu sein und sich von anderen abzusetzen.

Sein Lebensraum sind die Büros und Firmen.

Durch Boni, durch Degradierung und Beförderung wird der Leistungsträger-Dämon gefüttert und gedeiht prächtig.

Unsere Gesellschaft hält gegen alle diese Dämonen Mittelchen und gute Ratschläge bereit. Ob sie wirken, ist allerdings die Frage.

Ein großer deutscher Automobilkonzern führte vor einigen Jahren ein neues Kommunikations-Konzept ein. Die Mitarbeitenden sollten nach Feierabend nicht mehr durch dienstliche E-Mail und Anrufe belästigt werden. Die Firmenleitung stellte die E-Mail-Server und die Benachrichtigungsoptionen der Diensthandys entsprechend ein.

Theoretisch konnten nun alle den Feierband genießen und neue Kräfte für den nächsten Arbeitstag sammeln oder einfach mal ganz was anderes machen.

Was passierte?

Die Mitarbeitenden leiteten ihre dienstlichen E-Mails auf private E-Mail-Adressen um und riefen sich nach Feierabend auf ihren privaten Handys an, um auch abends und nachts weiter arbeiten zu können. Sie waren besessen von ihren Projekten und Aufgaben, vom Erfolgsdruck, von einer Firmenkultur, die sich nicht durch ein paar technische Maßnahmen ändern ließ.

Besessenheit zeigt sich in diesem Beispiel an der Unfähigkeit zu ruhen, in der rastlosen Tätigkeit, die keinen Sabbat und keinen Sonntag kennt, daran, sich ganz und gar auszuliefern, sich bis zum letzten Quäntchen Energie zu verbrauchen, bis zum sprichwörtlichen Burn-Out.

Besessenheit zeigt sich in einer Haltung, die an vielen Stellen in unserer Kultur verherrlicht und als Vorbild hingestellt wird. Zugleich wächst das Leiden daran und die Zahl derer, die krank werden.

Groß war auch die Zahl derjenigen, die Hilfe bei Jesus suchten. „Die ganze Stadt war versammelt vor der Tür", erzählt Markus. „Und er heilte viele … und trieb viele Dämonen aus."

Wie diese Austreibung funktionierte, das lässt sich am ehesten an Jesus selbst ablesen. Er, der Menschen Freiheit von ihren Zwängen brachte, ließ sich selbst nicht gefangen nehmen, auch nicht vom Erfolg seines Wirkens. Jesus zog sich zurück. „Er ging an eine einsame Stätte und betete dort."

Beten, das ist jene Tätigkeit, die nichts nützt und doch Großes bewirkt.

Sie bewirkt Freiheit von den Mächten und Gewalten dieser Welt, die uns zu etwas zwingen wollen. Im Gebet öffnet sich ein Raum vor Gott, in dem wir atmen können, der zum Zwischenraum wird zwischen uns und dem, was uns den Atem nimmt.

In diesem Zwischenraum atmete auch Jesus auf und schöpfte Kraft für sein Leben und Wirken.

Den Jüngern leuchtete das nicht sofort ein. Als vermeintliche Anwälte der Betroffenen unterbrachen sie Jesus in seiner Kontemplation und forderten ihn zum Wirken auf:

„Jedermann sucht dich", sprachen sie zu ihm. Doch Jesus ließ sich nicht von Jedermann-Erwartungen in Anspruch nehmen. Er behielt die Grenzen seiner Möglichkeiten und zugleich die wahrhaft Bedürftigen im Blick. Jesus ließ nicht zu, dass Menschen ihn vereinnahmten, und blieb gerade so treu bei denjenigen, die auf seine Hilfe angewiesen waren.

Liebe Gemeinde!
Heilungs- und Befreiungsgeschichten aus der Bibel geraten schnell in den Verdacht des religiösen Kitschs. Oder sogar unter Ideologieverdacht. Nicht wenige denken heute: Ohne Religion wäre die Welt sowie besser dran.

Christlicher, jüdischer, islamischer Fundamentalismus erscheinen denen als die eigentlichen Dämonen unserer Tage, die ausgetrieben werden müssten durch Säkularisierung.

Und natürlich gibt es Formen des Glaubens, in denen Menschen zu ihrem Glück gezwungen werden sollen und so neue Zwänge ausgelöst werden.

Doch wo immer der Glaube sich auf den Namen Gottes beruft, auf den Schöpfer, auf den Erlöser, auf den Vollender, da wachsen die Kräfte der Freiheit.

Diese Erfahrung machen Menschen auch heute.

Die Musikerin Nina Hagen beschreibt in ihrem autobiographischen Buch „Bekenntnisse", wie sie drogensüchtig wurde. Das „Dämonenzeug", so nennt sie die Drogen, habe sie damals infiziert.

In einer Nacht kippte ein Drogen-Rausch in einen Horror-Trip um, bei dem sie fast gestorben wäre. Am Rande des Todes hatte sie eine Vision, in der sie beschreibt, wie sie befreit wurde:

„Das eine Wort, das ich die ganze schrecklich-schöne Berliner Drogennacht immer wieder rufe: … Ich höre mich nur Jesus sagen: JESUS … JE-SUS … JESUS! Ich höre mich Gott mit Seinem Namen ansprechen, und der ist: JESUS! Stunden-lang, bis in den Morgen hinein!"[15]

Im Jahr 2009 ließ Nina Hagen sich in der evan-gelisch-reformierten Kirchengemeinde Schüttorf taufen. Sie sagt und singt heute auch öffentlich, wem sie ihr Leben und ihre Freiheit verdankt.

Amen.

12.11.2017 – Drittletzter Sonntag des Kirchenjahres
Lk 11,14-23

Liebe Gemeinde!
„Jesus kündete das Reich Gottes an und gekommen ist die Kirche."
Dieser Satz stammt von dem französischen katholischen Theologen und Historiker Alfred Loisy. Wenn man diesen Satz so sagt, dann hören viele Menschen unwillkürlich ein „nur" mit, im Sinne von: „Jesus kündete das Reich Gottes an und gekommen ist ‚nur' die Kirche." Bei Loisy selbst ist das anders: Er meinte vielmehr, Jesus habe das Reich Gottes angekündigt, aber gekommen sei immerhin(!) die Kirche.[16] Also, besser als nichts!

Wie auch immer man den Satz versteht: An der Frage nach dem Reich Gottes kommen wir als Kirche nicht vorbei. Gerade am Ende des Kirchenjahres, dem wir uns mit großen Schritten nähern. Denn im Evangelium wie im Predigttext für den heutigen Drittletzten Sonntag steht das Reich Gottes im Zentrum.
Im Evangelium haben wir gehört, wie Jesus die Frage der Pharisäer beantwortet. Oder man sollte vielleicht besser sagen, wie er die Frage eigentlich nicht beantwortet, sondern durch eine neue ersetzt. „Wann kommt das Reich Gottes?", fragten

die Pharisäer Jesus und der antwortete: Es „ist mitten unter euch." (Lk 17,20 f.)

Da bleibt allerdings die Frage: Wie ist das Reich Gottes mitten unter uns?

Der Predigttext gibt Hinweise darauf. Ich lese aus Lk 11,14-23:

14 Und er trieb einen Dämon aus, der war stumm. Und es geschah, als der Dämon ausfuhr, da redete der Stumme, und die Menge verwunderte sich. 15 Einige aber unter ihnen sprachen: Er treibt die Dämonen aus durch Beelzebul, den Obersten der Dämonen. 16 Andere aber versuchten ihn und forderten von ihm ein Zeichen vom Himmel.

17 Er aber kannte ihre Gedanken und sprach zu ihnen: Jedes Reich, das mit sich selbst uneins ist, wird verwüstet und ein Haus fällt über das andre. 18 Ist aber der Satan auch mit sich selbst uneins, wie kann sein Reich bestehen? Denn ihr sagt, ich treibe die Dämonen aus durch Beelzebul. 19 Wenn aber ich die Dämonen durch Beelzebul austreibe, durch wen treiben eure Söhne sie aus? Darum werden sie eure Richter sein. 20 Wenn ich aber durch den Finger Gottes die Dämonen austreibe, so ist ja das Reich Gottes zu euch gekommen. 21 Wenn ein gewappneter Starker seinen Palast bewacht, so bleibt, was er hat, in Frieden. 22 Wenn aber ein Stärkerer über ihn kommt und überwindet ihn, so nimmt er ihm

seine Rüstung, auf die er sich verließ, und verteilt die Beute. 23 Wer nicht mit mir ist, der ist gegen mich; und wer nicht mit mir sammelt, der zerstreut.

Ein sperriger, fast schräger Text. Klären wir zunächst einmal, wer hier wer ist und was genau passiert.

Jesus trieb einen Dämon aus. In der Vorstellungswelt des Neuen Testaments waren dies Wesen oder Mächte, die gegen Gott und gegen das Leben waren. Ein von einem Dämon Besessener war demnach einer, der von den schöpferischen Kräften des Lebens abgeschnitten war. Sehr unterschiedlich war, woran sich dies zeigte. Hier in dieser Geschichte, hatte der Dämon dem Menschen die Sprache verschlagen. Wer nicht mehr spricht, teilt sich nicht mehr mit und wird einsam. Er verliert mit der Sprache sein soziales Leben und am Ende das Leben überhaupt.

Heute sprechen wir in der Regel nicht mehr von Dämonen. Wir haben andere Modelle von Wirklichkeit, mit denen wir uns die Welt erklären. Aber auch heute gibt es Menschen, denen es die Sprache verschlagen hat, die sich in undurchdringliches Schweigen hüllen, die alle Brücken zu anderen abbrechen und darunter leiden.

Jesus heilte diesen Menschen und er konnte wieder sprechen. So weit so gut, könnte man meinen. Doch diese Heilung zog Kritik auf sich.

Die Kritiker werden nicht näher bezeichnet. Zu ihrer Person und zu ihren Gründen schweigt die Geschichte. Vielleicht war ihnen einfach unheimlich, was Jesus getan hatte. Krankheit und die Auseinandersetzung mit ihr machen uns immer wieder neu darauf aufmerksam, wie verletzlich unser Leben ist. Oder die Kritiker hatten sich an das Schweigen des Stummen gewöhnt. Vielleicht war er ein unbequemer Mensch gewesen, dessen Schweigen nützlich, ja gewollt gewesen war. Dass er nun wieder redete, gefiel offensichtlich nicht allen.

Warum auch immer, Jesus wurde kritisiert. Die einen warfen ihm vor, was sprichwörtlich wurde: Der treibt den Teufel mit dem Beelzebul aus. Was so viel heißt wie: Der ist selbst mit finsteren Mächten im Bunde und macht am Ende alles nur schlimmer. Andere wiederum witterten ein Spektakel. Sie interessierten sich weder für Jesus noch für den Geheilten, sie wollten einfach nur mehr Sensation erleben. „Sie forderten von ihm ein Zeichen vom Himmel", schreibt Lukas.

Jesus antwortete selbst noch einmal auf diese Deutungsversuche. Und seine Antwort klingt in meinen Ohren so:

„Wie bitte? Mit einem Teufel soll ich den anderen ausgetrieben haben? Das wäre ja eine noch nie dagewesene sensationelle Inszenierung: Tumult und Chaos im Reich der Unterwelt, wo ein

Teufel gegen den anderen loszieht! Das wären ja die tollsten Aussichten: Die bösen Mächte eliminieren sich gegenseitig, sie erledigen meine Aufgabe gleich selbst. Das ist doch eine großartige Perspektive für euch alle – wieso beschimpft ihr mich dann?"[17]

Im Jahr 2007 wagte der amerikanische Star-Geiger Joshua Bell ein ungewöhnliches Experiment. Er wollte herausfinden, ob er auch dann erkannt wird, wenn er inkognito auftritt. In Straßenkleidung, mit einer Baseballkappe auf dem Kopf und seiner Stradivari in der Hand stellte sich der Geiger in eine U-Bahn-Station in Washington, D.C. und spielte eine dreiviertel Stunde lang Musik von Bach, Schubert und anderen Komponisten. Das Experiment wurde mit einer versteckten Kamera aufgezeichnet und ergab folgendes Resultat: Von rund 1000 Personen, die vorbeigingen, sind nur sieben stehengeblieben, um ihm zuzuhören, und nur eine hat ihn erkannt.[18]

Übrigens: Wer ihn nicht in der Unterführung umsonst, sondern am kommenden Sonntag in der Hamburger Elbphilharmonie hören will, muss für eine Karte über 100,- € bezahlen.

Offensichtlich ist unser Gespür für das Gute, Schöne und Wahre in der Welt sehr abhängig von dem Ort, an dem wir selbst gerade sind. Wir verwechseln einen der besten Musiker der Welt mit einem Obdachlosen, nur weil er in der U-Bahn spielt.

Wir verwechseln den Sohn Gottes mit einem Handlanger des Teufels oder halten ihn für eine Jahrmarkt-Attraktion. Zeichen und Wunder sprechen also nie eine eindeutige Sprache. Man kann sie immer so oder so deuten.

Jesus selbst deutete seine Wunder als Hinweis auf Gottes Reich:

„Wenn ich aber durch den Finger Gottes die Dämonen austreibe, so ist ja das Reich Gottes zu euch gekommen."

Darum also geht es!

Wie sich damals in den Heilungen Jesu das Reich Gottes mitten unter den Menschen zeigte, so bricht es auch heute unter uns an. Es bricht unter uns an, wo die Mächte des Todes gebrochen werden, wo sich das Leben gegen den Tod durchsetzt.

Auch heute sieht dies sehr unterschiedlich aus. So unterschiedlich wie die Lasten, die Menschen heute die Sprache verschlägt.

Das kann eine schwere Krankheit sein, die die Kraft und den Mut raubt, auf andere zuzugehen, sich ihnen zu öffnen. Das können Gefühle von Scham und Schuld sein, die Menschen in sich selbst gefangen halten, sodass sie sich für nichts und niemanden mehr öffnen. Das kann die tödliche Routine sein, die sich unter dem Druck des Alltags im Leben von Liebenden einstellt, die irgendwann einfach aufhören miteinander zu reden. So nach dem Motto: Streitet ihr noch oder schweigt ihr schon?

Und das ist in unseren Tagen auch das Spektakel des Nationalismus[19], das offensichtlich wieder sehr viele Menschen unterhaltsam finden. Anderen hingegen verschlägt es die Sprache, weil sie nicht fassen können, dass aus der ideologischen Mottenkiste geholt wird, was schon so oft die Welt in Brand gesetzt hat.

Gottes Reich bricht unter uns an, wo wir die Worte wieder finden gegen das, was unser Leben zerstört.

Worte der Hoffnung gegen die Angst vor Krankheit und Tod.

Worte der Freundschaft gegen die Angst nicht mehr dazuzugehören.

Worte der Liebe gegen die Macht der Gewohnheit.

Worte des Friedens gegen die Spirale von Hass und Gewalt.

Liebe Gemeinde!

„Jesus kündete das Reich Gottes an und gekommen ist die Kirche."

Nicht nur, sondern Gott sei Dank ist die Kirche gekommen.

Denn sie schürt die Erwartung, dass es mehr gibt als die Reiche dieser Welt.

Die Reiche dieser Welt kommen und gehen.

Sie finden ihr Maß und ihre Grenze an Gottes Reich.

Das gilt übrigens auch für die Kirche selbst. Wir sind ja nicht die ideale Großfamilie, für die wir uns gelegentlich halten, wo ewig eitel Sonnenschein herrscht und alles harmonisch läuft. Solche romantischen Vorstellungen scheitern fast zwangsläufig an der Realität und produzieren bloß Enttäuschungen.

Wir sind eine Gemeinschaft von Menschen, die Jesu Nähe suchen. Die Nähe zum Auferstandenen, zu seinem Wort, zum Bund der Getauften, zu seinem Leib, den wir verkörpern dürfen mitten in dieser Welt.

Da wird sich manch einer vielleicht danebenstellen und fragen: Was ist das schon? Wo bleiben die Zeichen und Wunder?

Dann verweisen wir auf das Brot, das wir teilen, auf die Not, die wir lindern, auf die Hand, die wir halten, auf den Schmerz, den wir teilen, auf den Tod, den wir sterben und auf die Hoffnung, dass genau so Gottes Reich in unserer Mitte beginnt.

Amen.

24.12.2017 – Christnacht
Jes 7,10-14

Liebe Gemeinde!

„Euch ist heute der Heiland geboren, welcher ist Christus, der Herr, in der Stadt Davids." (Lk 2,11) So verkündet es der Engel den Hirten auf dem Feld in der Weihnachtsgeschichte des Lukas.

Einfache Worte sind dies.

Scheinbar naiv ist da von Engeln und himmlischen Heerscharen die Rede.

Scheinbar romantisch wird von Hirten erzählt, die nachts ihre Herde hüten. Man sieht das Lagerfeuer förmlich vor sich.

In Wahrheit zählen diese Geschichte zu den am besten durchkomponierten Texten der Literatur überhaupt. Da ist nichts zufällig. Jeder ist an seinem Platz. Alles ist wohlüberlegt.

An seinem Platz ist der Heiland, der Retter, an seinem Platz in Bethlehem, der Stadt Davids. Beides, der Titel „Retter" und der Geburtsort „Bethlehem", verbinden dieses neugeborene Kind mit der Geschichte und den Hoffnungen des Volkes Israel. Der Heiland der Welt wird als Retter Israels geboren, wird geboren, lebt und stirbt als Mensch im jüdischen Volk.

„Das Heil kommt von den Juden" (Joh 4,22), so wird es der Evangelist Johannes später auf den Punkt bringen.

Tauchen wir also noch einmal ein in die Geschichte und in die Hoffnungen des Volkes Israel, aus dem der Heiland der Welt kommt.

Einer, der in die Geschichte des Volkes Israel gehört, ist der König Ahas. Ahas lebt im achten Jahrhundert vor Christus. In dieser Zeit ist Israel geteilt in ein Nord- und ein Südreich. Ahas ist König im Südreich. Ein großer Feind, das mächtige Reich der Assyrer, bedroht ganz Israel. Das Nordreich rüstet sich zum Kampf, sucht nach Bündnispartnern für eine Koalition gegen die Assyrer. Der König des Nordreichs kommt zu Ahas und setzt ihn unter Druck: Mach mit im Kampf gegen die Assyrer, werde Teil unserer Koalition.
Doch Ahas, der König des Südreichs lehnt ab. Und er hat Gründe dafür.

Er weiß genau: Gegen die Assyrer haben wir keine Chance, ganz egal, wie viele wir sind.

Ahas ist darum der politische Realist unter den Königen in Israel, der vernünftige. Er berechnet seine Möglichkeiten und fasst einen Plan.
Er sagt sich: Wenn die Verhältnisse so sind, dass wir gegen die Assyrer keine Chance haben, dann gibt es nur eine Rettung: die Flucht nach vorn.

Vorsorglich will sich Ahas den Assyrern unterwerfen, will sich ihnen kampflos ergeben, will lieber abhängig von den Assyrern sein als König in einer zerstörten Stadt.

Ahas betreibt also „Realpolitik", und er setzt auf Sicherheit.

Am Ende aller Abwägungen von Kosten und Nutzen steht eine Entscheidung.

Eine Entscheidung, die er als die allein richtige darstellt.

Heute würden wir sagen, seine Entscheidung sei „alternativlos".

Wie so vieles angeblich alternativlos ist.

Doch es gibt im Leben immer Alternativen, und vor allem gibt es das Gespräch.

Das gilt in der großen Politik ebenso wie im privaten Leben.

Zu einem solchen Gespräch bittet der Prophet Jesaja den König Ahas.

Jesaja sagt Ahas: Fürchte dich nicht. Hab keine Angst, weder vor denen, die sich dir als Bündnispartner aufdrängen wollen, noch vor dem mächtigen Reich der Assyrer. Sie alle sind in Gottes Hand. Darum vertrau auf Gott. Wenn du etwas Gutes für dich und dein Königreich tun willst, dann krieg deine Angst unter Kontrolle, lass dich nicht ins Bockshorn jagen.

Vergiss die selbsternannten Bündnispartner, vergiss die vorauseilende Unterwerfung unter die Assyrer, setze dein Vertrauen allein auf Gott, dann hast du eine Chance.

Jesaja macht Politikberatung unter prophetischen Vorzeichen. Politikberatung, die hellsichtiger ist als alle Realpolitik. Denn Jesaja setzt in vermeintlich alternativloser Lage auf die Option Vertrauen. Er rät dem König, seine Handlungsspielräume auszuloten. Setz dich doch erstmal hin, überleg doch erstmal in Ruhe, welche Möglichkeiten du sonst noch hast. Hab' Vertrauen in Gottes Hilfe.

In diesem Sinne berät der Prophet den König und weiß doch zugleich, dass dieser sich mit seinem Rat wahrscheinlich schwertun wird, eben weil sein Bedürfnis nach Sicherheit so groß ist.

Und Jesaja sollte recht behalten. Der König Ahas war nicht mehr in der Lage, neues Vertrauen zu fassen, denn er hatte sich bereits anders entschieden. Auf Gott zu vertrauen, war keine reale Möglichkeit mehr für ihn. Und so erteilte er Gottes Angebot, ihm ein Zeichen zur Vergewisserung zu geben, die vielleicht originellste Absage, die man sich denken kann. Er belehrte Gott über das zweite Gebot und sprach:

„Ich will's nicht fordern, damit ich den Herrn nicht versuche." (V. 12)

Ahas will kein Zeichen und er will keine Handlungsspielräume mehr ausloten.

Er will Sicherheit.

Er will eine alternativlose Lösung.

Er will seine Lösung, die seiner eigenen Taktik, seinem eigenen Geschick, seinem eigenen Kalkül entspringt.

Er will eine Lösung, die Vertrauen überflüssig macht. Denn Vertrauen bringt Ahas nicht mehr auf.

Sie können sich denken, die Geschichte mit Ahas ging nicht gut aus. Die Assyrer folgten seiner Einladung nur allzu gerne. Sie unterwarfen ganz Israel, das Nordreich und das Südreich. Sie brachten Jerusalem politische Unfreiheit und fremden Gottesdienst. Die Könige aus dem Haus David blieben schwache Figuren.

Was jedoch von dieser Episode aus der Geschichte des Volkes Israel geblieben ist, ist die Verheißung des Propheten Jesaja:

„Siehe, eine Jungfrau ist schwanger und wird einen Sohn gebären, den wird sie nennen Immanuel." (V. 14)

Da ist es, das Zeichen, das Ahas nicht haben wollte.

Gott gibt uns Zeichen, durchaus auch ungefragt!

Jesaja kündigte ein solches Zeichen an.

Es kommt ein Sohn, ein Nachfolger des Königs, der den Namen Immanuel trägt, „Gott mit uns" heißt dieser Name. Wenn Ahas nicht mehr vertrauen kannt, dann wird ein anderer kommen, der wird Gott vertrauen.

Und weil er Gott vertraut, wird Gott mit ihm sein – und mit uns, wenn wir ihm vertrauen.

Ahas und Immanuel, diese beiden Namen stehen für gegensätzliche Haltungen im Leben: das Bedürfnis nach absoluter Sicherheit gegen die Fähigkeit zum Vertrauen.

Liebe Gemeinde!

Ich muss gestehen: Ich kenne diese Momente auch aus meinem Leben.

Momente, in denen ich zwischen meinem Sicherheitsbedürfnis und dem Vertrauen hin und her gerissen bin.

Momente, in denen ich Entscheidungen, die ich getroffen habe, als gut und richtig absichern will.

Momente, in denen ich mir zurechtlege, warum das, was ich getan habe, nur so richtig sein kann.

Vielleicht ist das tatsächlich eines der größten Glaubenshindernisse unserer Tage, dass wir so sehr auf Sicherheit bedacht sind.

Wir sind ja voll guten Willens.
Wir wollen die Dinge richtig machen.
Wir wollen verantwortlich leben.

Wir wollen am Ende gelobt werden für unsere Entscheidungen.

Darum ist unser Bedürfnis so groß, unser Leben im Vorhinein abzusichern. Nicht nur die eine oder andere Entscheidung, sondern unser Leben als Ganzes abzusichern.

Das betrifft vor allem unsere Handlungen.

Wer kann sich denn heutzutage schon noch Fehler leisten?

Es ist ein Kennzeichen unserer modernen Lebenswirklichkeit, dass wir uns ständig gegenseitig vor ein Tribunal zerren.

Das Jüngste Gericht haben wir abgeschafft, der Richterstuhl Christi ist leer, aber unser Leben findet vor einem umso gnadenloseren Forum statt. Vor einem Forum, auf dem wir füreinander in wechselnder Besetzung Ankläger, Richter und Angeklagte sind.[20]

Da wundere sich noch einer, dass unser Sicherheitsbedürfnis alles in den Schatten stellt! Ahas ist längst zu einer Figur unseres Alltags geworden.

Genau darum ist es rettend und heilsam, dass auch das Kind in der Krippe zu einer Figur unseres Alltags wird. Jesus Christus ist Gottes Zeichen für uns.

Das Zeichen, dass Vertrauen in Gott heute möglich ist.

169

Das Zeichen, nach dem wir nicht gefragt haben, und das uns doch gegeben wird – zu unserer Rettung.

Denn dieser eine Mensch hat es vorgemacht:
Eine andere Welt ist möglich, Vertrauen ist möglich.

Jesus hat im Vertrauen auf Gott gelebt und gewirkt, und er ist in diesem Vertrauen gestorben.

Und Gott hat dieses Vertrauen gerechtfertigt, indem er ihn von den Toten auferweckt hat.

Darum feiern wir heute Nacht seine Geburt.

Darum nennen wir diese Nacht die Heilige Nacht.

Mit der Geburt dieses Kindes ist eine andere Welt möglich geworden. Die Welt der rettenden Alternativen. Die Welt der hilfreichen Zeichen, die Gott uns gibt.

Machen wir uns also auf den Weg – durch diese Nacht hindurch in eine neue Zeit. Halten wir Ausschau nach den Zeichen, die Gott uns gibt.

Nach den Zeichen seiner Gegenwart in den Irrungen und Wirrungen unseres Lebens.

Nach den überraschenden Möglichkeiten, die uns im Leben zugespielt werden.

Nach dem Immanuel, dem Gott-mit-uns.

Amen.

25.12.2017 – Erster Weihnachtstag
1. Joh 3,1-6

Liebe Gemeinde!
Weihnachten ist ein Fest für Kinder.

Das wusste auch schon Martin Luther, als er das Christkind erfand. Nicht der heilige Nikolaus sollte die Geschenke bringen, als Belohnung für anständiges Benehmen übers Jahr, sondern die Geschenke sollten gratis sein, Zeichen der freien Gnade Gottes, die uns der „heilige Christ" gebracht hat.

Wie sehr das Weihnachtsfest mit seinem ganzen Drum und Dran Kinder inspiriert und in Hochspannung versetzt, ließ sich gestern Abend in vielen Häusern beobachten. Und selbstverständlich gilt das auch für die großen Kinder, die Erwachsenen, die sich für einen fröhlich-wehmütigen Abend noch einmal zurückversetzen lassen in die Seligkeit vergangener Zeiten.

Doch die Seligkeit der kleinen und großen Kinder an Heiligabend gleicht der Wanderung über einen schmalen Grat. Ständig drohen Abstürze. Das falsche Geschenk oder auch einfach zu viele Geschenke lassen die Stimmung kippen und manche bittere Träne wurde schon unter dem Christbaum geweint. Jubel und Tränen liegen an diesem Abend nahe beieinander. Heute, am ersten Weihnachtstag, nach dem Jubel und den Tränen, klärt sich unser Blick für eine weitere Perspektive auf Weihnachten.

Weihnachten ist ein Fest für Kinder, für die kleinen und die großen, und für die Gotteskinder. Von ihnen lesen wir im ersten Johannesbrief:

1 Seht, welch eine Liebe hat uns der Vater erwiesen, dass wir Gottes Kinder heißen sollen – und wir sind es auch! Darum erkennt uns die Welt nicht; denn sie hat ihn nicht erkannt. 2 Meine Lieben, wir sind schon Gottes Kinder; es ist aber noch nicht offenbar geworden, was wir sein werden. Wir wissen: Wenn es offenbar wird, werden wir ihm gleich sein; denn wir werden ihn sehen, wie er ist.

3 Und jeder, der solche Hoffnung auf ihn hat, der reinigt sich, wie auch jener rein ist. 4 Wer Sünde tut, der tut auch Unrecht, und die Sünde ist das Unrecht. 5 Und ihr wisst, dass er erschienen ist, damit er die Sünden wegnehme, und in ihm ist keine Sünde. 6 Wer in ihm bleibt, der sündigt nicht; wer sündigt, der hat ihn nicht gesehen noch erkannt. (Lutherbibel 2017)

Manche Namen sind Schall und Rauch. Wer heute schon als Minister einer neuen Regierung gehandelt wird, ist morgen wahrscheinlich schon vergessen.

Doch „Gottes Kind", dieser Name, der bleibt, der benennt etwas Reales:

Wir heißen Gottes Kinder – „und wir sind es auch"!

Diesen Satz schrieb der Verfasser des ersten Johannesbriefs an Menschen, die in Bedrängnis geraten waren. Historiker vermuten, dass es in der angesprochenen Gemeinde Märtyrer gegeben hatte, Christen, die wegen ihres Bekenntnisses zu Jesus verfolgt und getötet worden waren. Undenkbar, dass sie ihr Leben für einen bloßen Namen, für ein Etikett ohne Inhalt gelassen hatten. Nachfolger Jesu, Kind Gottes, das sind Namen für eine bestimmte Realität. Sie machen einen Unterschied, sie meinen ein Leben im Vertrauen und in der Hoffnung auf Gott, ein Leben in der Liebe zu den Menschen und der Welt.

Solches Vertrauen und diese Hoffnung sind das eigentliche Geschenk, das die Gotteskinder an Weihnachten bekommen. Ein Geschenk, das über den heutigen Tag hinausweist und hinauswirkt in unser Leben hinein.

Wie es so ist mit den Geschenken: Manche erfreuen uns auf den ersten Blick, weil ihr Sinn sofort einleuchtet. Krawatten und Uhren, Perlenohrringe und Halsketten schmücken ihre Träger, Schals und Socken wärmen Hals und Füße. Und manche Geschenke wirken nachhaltig. Sie wirken auf den ersten Blick vielleicht unscheinbar, können sogar übersehen werden und wirken doch je länger je mehr. Dazu gehört alles das, was uns zu Kindern Gottes macht.

Allem voran die Liebe. Seine Liebe zeigt uns Gott, indem er uns zu seinen Kindern, zu Töchtern und Söhnen macht. Was uns damit geschenkt wird, das erfahren wir nach und nach, denn es prägt unser Leben, ja es verändert unser Leben und macht es neu.

„Wir sind schon Gottes Kinder, es ist aber noch nicht offenbar geworden, was wir sein werden", heißt es und damit weist uns der Verfasser des ersten Johannesbriefs auf eine Spannung hin, in der wir stehen: Als Kinder Gottes glauben wir, dass Gottes Liebe uns vorbehaltlos gilt. Wir müssen sie nicht verdienen und wir können sie nicht verwirken. Das ist der Grund unseres Lebens im Glauben. Soviel ist klar. Doch wohin uns diese Liebe führt, was sie aus uns macht und wie sie uns verändert, das können wir gar nicht wissen, solange unser Leben währt. Gottes Liebe eröffnet uns einen Weg, gehen müssen wir ihn selbst und dabei unsere eigenen Entscheidungen treffen, unsere eigenen Erfahrungen machen.

Es gibt Christenmenschen, die genau und für alle wissen, wie man als Kind Gottes zu sein hat, was man zu tun und zu lassen hat. Die wissen dann auch ganz genau, wer Gott ist, was er gut findet und was nicht.

Je nach Gottesbild und Frömmigkeitsstil führt diese Überzeugung zu sehr unterschiedlichen Tugend- und Lasterkatalogen, zu frommen Dos and Don'ts.

Ob man dann wirklich ein Kind Gottes ist, das bemessen die einen am Kleidungsstil und am Musikgeschmack, die anderen am politisch korrekten Sprachgebrauch und am fairen Einkaufskorb.

Ich glaube, dass die Bibel an dieser Stelle viel offener ist und uns einen größeren Spielraum eröffnet.

Es ist „noch nicht offenbar geworden, was wir sein werden", das heißt für mich auch: Wohin der Weg des Glaubens uns führt, wie wir uns auf diesem Weg über die Jahre verändern und entwickeln, das ist sehr individuell, das ist Teil unserer persönlichen Geschichte mit Gott.

Ich glaube, dass Gott uns nicht als Charaktermasken haben will, als Menschen, die bloß eine Rolle spielen, sondern als lebendige Gegenüber, als Menschen, die ihre eigenen Entscheidungen treffen, die Verantwortung übernehmen für ihr Tun und Lassen. Als Menschen, die geprägt sind durch ihre Erfahrungen, durch ihre Niederlagen und ihre Erfolge.

Dass wir dann am Ende „ihm gleich sein" werden, ja „ihn sehen, wie er ist" und uns sehen, wie wir sind, ungeschützt und gerade so geliebt, das ist für mich die große Hoffnung, die wir als Kinder Gottes haben.

Die Hoffnung, dass Gott an uns wirkt wie der Töpfer am Ton. Dass wir in allem, was wir tun und lassen, in allem, was wir bewirken und erleiden, in Gottes Hand sind, das heißt ein Kind Gottes zu sein. Letztlich ist es Gott selbst, der uns zu den Menschen macht, die er haben will. Und wir sind ganz dabei, mit unseren Hoffnungen und Befürchtungen, mit unserem Willen und unseren Wünschen.

Ein großes Versprechen, ein großes Geschenk für die Kinder Gottes!

Am Ende des Predigttextes stehen dann noch ein paar Verse, die sich auf den ersten Blick lesen wie das Kleingedruckte auf dem Beipackzettel des Glaubens.

Warnungen vor der Sünde und die schlichte Gleichung: „Wer in ihm bleibt, der sündigt nicht".

Hat die Sache mit Gott also doch einen Haken?

Wenn Sünde mit bestimmten Handlungen gleichgesetzt würde, dann bestimmt. Doch eigentlich geht es hier nicht um Handlungen, sondern um unsere Haltung.

Das einzige, was unsere Freude an Gottes Geschenk trüben könnte, ist die Resignation.

Resignation, die meint, es sei ja doch alles schon verloren, die Welt sei ein dunkler Ort und Gott allenfalls noch eine verblassende Erinnerung an bessere Zeiten.

Zugegeben: Es gibt manchen Anlass, so zu denken. Dass die ersten Christen nach dem Märtyrertod einiger ihrer Schwestern und Brüder nicht einfach zur Tagesordnung übergingen, ist verständlich. Sie mussten sich fragen: Was tun wir hier eigentlich? Was wissen wir über Gott? Und was dürfen wir hoffen als Kinder Gottes? Auch wir heute fragen uns in der Kirche, warum viele Menschen keinen Zugang mehr zum Glauben, wie wir ihn kennen, finden. Und wir sollten uns fragen, was es bedeutet, dass christliche Gemeinden in Syrien, wo sie jahrtausendealte Wurzeln haben, infolge des Krieges sterben.

Dennoch: Wir sind nicht einfach Opfer der Umstände, sondern als Kinder Gottes freie Menschen. Frei zum Hoffen und Handeln, frei für das konkrete Gute, das wir heute tun können.

Liebe Gemeinde!
Weihnachten ist ein Fest für Kinder, besonders für Kinder Gottes.

Darum lasst uns auch leben als solche Kinder Gottes.

Als Menschen, die voller Vertrauen und mit großer Neugierde Ausschau halten nach dem Gott, der sich uns selber schenkt.

Heute schmecken und sehen wir einen Vorge-
schmack seiner Freundlichkeit.

Am Ende werden wir ihn sehen, wie er ist.

Amen.

31.12.2017 – Altjahrsabend
2. Mose 13,20-22

Die Gnade unseres Herrn Jesus Christus, die Liebe Gottes und die Gemeinschaft des Heiligen Geistes sei mit euch allen. Amen.

I.
Liebe Gemeinde!
Wir stehen an der Schwelle zu einem neuen Jahr.

Zwischen den Jahren, in dieser Übergangszeit, sind wir besonders sensibel: Wir denken noch zurück an das alte Jahr, und zugleich beschäftigt uns schon das neue. Der Rückblick auf 2017 hat uns noch einmal vor Augen geführt, was alles gewesen ist. Für mich sind es vor allem die politischen Verhältnisse gewesen, die dieses Jahr geprägt haben.

Ein Jahr Donald Trump in den USA und damit auch ein Jahr Chaos und Lügen auf höchster Ebene. Und im Hintergrund des ganzen Tumults geschieht die schrittweise nachhaltige Spaltung der Gesellschaft, Steuern runter für die Reichen, Krankenkasse weg für die Armen. Und als wäre all' das nicht schon schlimm genug, werden alte Vorurteile, werden Rassismus und Sexismus, noch einmal kräftig angefacht.

Und im alten Europa?

Sitzen Rechtsextreme seit gut zehn Tagen in Österreichs Regierung und leider auch im Deutschen Bundestag. Eine Regierung zu bilden, gestaltet sich unerwartet schwierig. Wohl auch deshalb, weil die Parteien die gesellschaftliche Spaltung des Landes nicht überwinden, sondern repräsentieren und ihr geistig und politisch wenig entgegenzusetzen haben.

Hier die Gewinner von Globalisierung und Digitalisierung, dort diejenigen, die keinen bezahlbaren Wohnraum mehr finden, keinen auskömmlichen Lohn erzielen und denen am Ende Altersarmut droht.

Aus dieser Gemengelage ergibt sich eine gefährliche Krisenstimmung, die von radikalen Kräften zusätzlich befeuert wird, weil sie ihr politisches Süppchen daraus brauen.

Nötig wären Orte in unserer Gesellschaft, an denen wir nach gemeinsamen Zielen Ausschau halten und uns darüber verständigen, was wir wollen. Nicht zuletzt auch, was wir nicht wollen.

Dazu braucht es Mut und Orientierung. Doch sie sind knappe Güter geworden in unseren Tagen. Als Christinnen und Christen halten wir Ausschau danach in den biblischen Geschichten.

II.

Heute Abend hören wir auf einen Abschnitt aus dem zweiten Buch Mose. Das Volk Israel zieht aus Ägypten aus. Auf dem Weg in das verheißene Land lauern 1000 Gefahren: Feinde von außen und Mutlosigkeit von innen, Hunger und Durst. Hören wir auf den Bibeltext.

Ich lese aus dem 2. Buch Mose im 13. Kapitel die Verse 20 bis 22. Dort heißt es:

20 So zogen sie aus von Sukkot und lagerten sich in Etam am Rande der Wüste.
21 Und der HERR zog vor ihnen her, am Tage in einer Wolkensäule, um sie den rechten Weg zu führen, und bei Nacht in einer Feuersäule, um ihnen zu leuchten, damit sie Tag und Nacht wandern konnten. 22 Niemals wich die Wolkensäule von dem Volk bei Tage noch die Feuersäule bei Nacht. (Lutherbibel 2017)

Israel lagert am Rand der Wüste. Es steht damit an einer Schwelle – wie wir heute Abend: „Etam am Rande der Wüste" ist eine Art Rastplatz. Draußen in der Wüste flimmert tagsüber die Hitze und kriecht nachts der Frost in die Knochen. In Etam schöpft Israel noch einmal Kraft, sammelt es seinen Mut. Und dafür gibt es eine alles entscheidende Voraussetzung:
Gott geht mit!
Ja, Gott geht sogar voran und zeigt Israel den Weg. Das ist typisch Gott. Gott bleibt nicht am Anfang des Weges zurück. Gott schafft nicht die Welt und schickt uns dann allein auf die Lebens-

reise. So ist Gott nicht. Gott wartet aber auch nicht erst am Ziel des Weges auf uns. Gott ist nicht ein unerreichbares Lebensideal. Wir müssen uns die Gegenwart Gottes nicht erst verdienen. Denn Gott geht mit uns auf dem Weg!

III.

Doch wie geht Gott mit? Die Bibel erzählt von Gottes Mitgehen in Gestalt einer Wolken- und Feuersäule. Die Wolkensäule geht tagsüber voran und weist den Weg, die Feuersäule geht nachts voran und beleuchtet den Weg.

Das Feuer brennt heiß und lebendig. Man kann es nicht berühren, denn es verbrennt alles. Aber man spürt auch aus der Entfernung seine Kraft. Der Rauch zeigt es von weitem an und verhüllt es zugleich. So zeigen Wolken- und Feuersäule, wie Gott mitgeht: geheimnisvoll und unberührbar, unverfügbar und gerade so wegweisend, leuchtend und konkret hilfreich.

Israel hat Gott auf dem Weg durch die Wüste so erfahren. Und das nicht nur hin und wieder, sondern immer: „Niemals wich die Wolkensäule von dem Volk bei Tage noch die Feuersäule bei Nacht."

Die Wolken- und Feuersäule ermutigt und zeigt den Weg durch die Wüste.

Wo erfahren wir dieses Mitgehen Gottes?

IV.

Martin Luther hat in einer Predigt das Abendmahl als Wolken- und Feuersäule der christlichen
Kirche gedeutet. So wie Gott in den Zeichen der
Wolken- und Feuersäule das Volk Israel auf seinem Weg durch die Wüste leitete, so werden wir
durch Brot und Wein geleitet.

Das Brot des Lebens und der Kelch des Heils
– sie sind Zeichen der Gegenwart Gottes bei uns.
In ihnen schmecken und sehen wir Gottes Nähe.
Wenn wir Leib und Blut Christi essen und trinken, dann wachsen wir als Gemeinschaft zusammen, dann werden wir zum Volk Gottes.

Brot und Wein – sie sind für sich genommen
bloß Nahrungsmittel, so wie Wolken- und Feuersäule für sich genommen bloß Naturphänomene
sind. Man könnte sie als Zeichen für die Gegenwart Gottes leicht übersehen. Dennoch weisen
sie uns auf Gottes Gegenwart hin. So wie Gott
uns in Brot und Wein beim Abendmahl begegnet, so begegnet er uns in allen guten Gaben unseres Lebens. Gott schenkt sich uns in den Gaben seiner Schöpfung.

Das ist typisch Gott: Er geht mit auf unseren
Wegen, er verschenkt sich in seiner Güte an uns.
Und so werden alle Dinge, die wir als Gaben
Gottes empfangen, zu Zeichen seiner Gegen-
wart.

V.

Heute haben sie auch die Gelegenheit, sich im Gottesdienst persönlich segnen zu lassen. Wir tun dies, wie in den Jahren zuvor auch schon, mit Salböl. Die Salbung, die im Alten Testament den Königen vorbehalten war, ist eigentlich nichts anderes als eine intensive Form der Segnung. Der Duft und die Berührung mit dem Öl setzen für alle Sinne spürbar ein Zeichen. Ein Zeichen für die Zukunft Gottes in unserem Leben: So soll dein Leben sein in diesem neuen Jahr. Ein Leben, in dem du Genüge hast, weil Gott sein Ja zu dir spricht, zu dir und deinen Nächsten, den Menschen, die mit dir auf dem Weg sind.

Dieser Segen, ob mit oder ohne Salbung, ist immer beides: der Wunsch, dass es so sein möge. Der Wunsch, Gott möge uns im neuen Jahr immer wieder Zeichen seiner Gegenwart geben, Gaben und Möglichkeiten zuspielen, von denen und in denen wir leben. Dieser Segen ist Wunsch, aber auch Bekenntnis zu Gott, dem Geber aller guten Gaben, der uns bis hierhin geleitet hat und über die Schwelle des neuen Jahres hinaus. Auch über die Schwellen, die uns hoch wie Mauern erscheinen mögen.

VI.
Liebe Gemeinde!
Wir stehen an der Schwelle zum neuen Jahr 2018. Ich hoffe, dass sich auch in ihrem Rück-

blick auf das vergangene Jahr Ereignisse finden, von denen sie sagen können:

Hier ist Gott in meinem Leben mitgegangen.

Hier habe ich Zeichen seiner Gegenwart entdeckt.

Vor allem aber wünsche ich Ihnen wache Sinne, offene Augen und Ohren für die Zeichen Gottes in unserer Welt, für die Wolken- und Feuersäulen, die uns leuchten und uns zeigen: Gott geht mit uns – auch ins neue Jahr.

Darum fürchten wir uns nicht.

Darin finden wir Mut und Orientierung, für uns, für die Gemeinde und für unsere Gesellschaft, die beides so dringend braucht.

Ja, die vor allem uns braucht, Menschen braucht, die beten können:

Komm, guter Gott, geh mit uns.

Der Friede Gottes, der höher ist als alle Vernunft, bewahre eure Herzen und Sinne in Jesus Christus.

Amen.

07.01.2018 – Erster Sonntag nach Epiphanias
Apg 8,26-39

Liebe Gemeinde!

Etwas plötzlich beginnt die Geschichte, die wir eben gehört haben. Wie aus dem Nichts „redete der Engel des Herrn zu Philippus und sprach: Steh auf und geh nach Süden auf die Straße, die von Jerusalem nach Gaza hinabführt und öde ist."

Die Bibel spricht an vielen Stellen ganz unbefangen von Engeln. Boten Gottes sind sie, die Botschaften aller Art ausrichten. Auch heute noch erfreuen sich Engel großer Beliebtheit. Umfragen zufolge glaubt jeder zweite Deutsche an die Existenz von Engeln. Wir müssen uns darunter ja keine Männer mit Flügeln vorstellen. Interessant ist für mich vor allem die Funktion, die der Engel in dieser Geschichte hat: Er stellt den Kontakt her zwischen Philippus und dem Mann aus Äthiopien.

Kontakt herstellen, das klingt einfacher als es ist. Denn wie oft gelingt es uns nicht, wirklich in Kontakt miteinander zu kommen. Vielleicht weil Missverständnisse uns daran hindern oder Vorurteile gegeneinander. In dieser Geschichte gelingt der Kontakt und ich wünsche mir, dass wir in unserer Gemeinde ein Gespür dafür entwickeln, wo wir Gelegenheiten haben, miteinander in

Kontakt zu treten, und dass wir diese Gelegenheiten nutzen.

Philippus jedenfalls hörte auf den Engel und nutzte die Gelegenheit, in Kontakt zu dem Mann aus Äthiopien zu treten, den er auf der Straße nach Gaza traf. Da stellte sich heraus, dass dieser Mann nicht irgendjemand war, sondern der Kämmerer der Königin von Äthiopien. Wir würden heute sagen: der Finanzminister von Äthiopien. Auf den ersten Blick mag uns seltsam vorkommen, dass dieser wichtige Mann so weit weg von seiner ostafrikanischen Heimat unterwegs war. Zwischen Jerusalem und Addis Abeba liegen gut 4000 Kilometer. Eine weite Strecke, selbst für den mit einem Reisewagen ausgestatteten Finanzminister aus Äthiopien. Er muss einen guten Grund gehabt haben, weshalb er überhaupt diese weite und beschwerliche Reise auf sich nahm. Er „war nach Jerusalem gekommen, um anzubeten", erzählt die Apostelgeschichte. Er war also, mit anderen Worten, ein Wallfahrer. Ein Mensch, der eine Reise unternahm, weil er hoffte, an einem bestimmten Ort Gott zu begegnen.

Bis heute gibt es viele Menschen, die Pilgerreisen unternehmen. Der Jakobsweg nach Santiago de Compostela ist ein berühmter Pilgerweg. Menschen gehen diese Wege, weil sie die Erfahrung machen, dass es Orte gibt, wo der Segen Gottes besonders spürbar ist. Orte, wo der Name

Gottes wohnt, wo Menschen sich zum Gebet treffen, wo sie Ruhe und Kraft für ihre Seele finden. Auch unsere Kirchen sind solche Orte. Deshalb legen wir so viel Wert darauf, dass ihr, die Konfirmandinnen und Konfirmanden, in die Kirche gehen.

Und von einem solchen Ort, vom Tempel in Jerusalem, kam nun der Mann aus Äthiopien, als Philippus ihn auf dem Weg ansprach und fragte: „Verstehst du auch, was du liest?" Eine berechtigte Frage, denn der Finanzminister hatte ein Souvenir aus Jerusalem mitgebracht. Eine Schriftrolle mit dem Text des Propheten Jesaja. Darin las er und antwortete auf die Frage des Philippus: „Wie kann ich" verstehen, was ich lese, „wenn mich nicht jemand anleitet?"

Der Evangelist Lukas lässt den Kämmerer aus Äthiopien diesen Satz in bestem Griechisch sprechen. Er macht deutlich: Dieser Mann ist kein Idiot und trotzdem versteht er den Bibeltext nicht. Warum? Es liegt nicht an mangelnder Bildung. Es liegt einfach daran, dass man Glauben nicht aus Büchern lernt. Glauben lernen wir von Menschen. Von unseren Eltern und Großeltern zuerst, von unseren Freundinnen und Freunden, von den anderen Konfirmandinnen und Konfirmanden, von der Pfarrerin oder vom Pfarrer. Wir lernen den Glauben von Menschen, die mit uns auf dem Weg sind, die uns vielleicht einen Schritt voraus sind und ihre Erfahrungen mit uns teilen.

Der Mann aus Äthiopien hatte das Glück einen zu treffen, der seine Erfahrungen mit ihm teilte. Philippus erzählte ihm von Jesus. Vom Weg Jesu, von seinem Leben und Wirken her verstand er die Bibel. Und dem Kämmerer aus Äthiopien leuchtete ein, was Philippus ihm erzählte. Diese Geschichte hat sich seitdem millionenfach wiederholt und sie wiederholt sich auch heute noch. Menschen erleben, wie sich die Bibel öffnet, wenn sie von Jesus hören. Aber nicht nur die Bibel öffnet sich, sondern auch das eigene Leben, das ja manchmal auch so ein Buch mit sieben Siegeln ist. „In seiner Erniedrigung wurde sein Urteil aufgehoben. Wer kann seine Nachkommen aufzählen?", fragte Philippus. Menschen hatten Jesus verurteilt und ihn durch Lügen und Intrigen ums Leben gebracht. Da ging Gott dazwischen und gab Jesus Recht. Er gab Jesus Recht und stellte ihn uns vor Augen als neuen Menschen. Als den Menschen, der Gott verkörpert, der Licht bringt in die Welt, der Hoffnung schenkt, wo alles verloren scheint. Unzählige setzen ihre Hoffnung darauf.

So auch der Finanzminister aus Äthiopien. Nachdem er auf dem Weg nach Süden lange mit Philippus gesprochen hatte, hatte er nur noch eine Frage: „Was hindert's, dass ich mich taufen lasse?"

Der Mensch aus Äthiopien möchte wie Philippus und seine Freunde sein Leben am Weg Jesu ausrichten. Er möchte den Schlüssel zum Verständnis der Bibel behalten. Er möchte nicht nur heute, sondern auch morgen glauben, hoffen und lieben. Er möchte getauft werden. Und er geht wie selbstverständlich davon aus, dass alles dies nicht gratis zu haben ist, dass es Hürden gibt auf dem Weg der Nachfolge.

Doch Philippus sagt nur: Wenn du willst, dann brauchen wir nur Wasser. Und das findet sich. – Wie, sonst kein Hindernis? – Nein, sonst kein Hindernis!

Wir leben in einer Welt, wo in ungeahntem Maße Grenzen wieder neu errichtet werden.

Es gibt wieder Menschen, die die Nation als Grenze zwischen Menschen betonen. Einer möchte sogar neue Mauern bauen.

Es gibt wieder Menschen, die lehnen andere wegen ihrer Hautfarbe ab.

Und es gibt wieder Menschen, die schauen auf andere herab, weil sie eine andere sexuelle Orientierung oder eine andere religiöse Identität haben. „Schwul" und „Jude" sind im Jahr 2018 wieder Schimpfworte auf deutschen Schulhöfen.

Liebe Gemeinde!

Das muss aufhören. Und wir können einen Beitrag dazu leisten.

Denn wir folgen Jesus. Wir sind auf seinen Namen getauft. Wir sind Brüder und Schwestern derselben Familie Gottes. Und wir gehören dazu, ob wir nun aus Äthiopien stammen oder aus Deutschland, aus Israel oder aus Amerika, aus Flingern oder Mörsenbroich, aus Thomas, Christus oder Matthäi.

„Was hindert's, dass ich mich taufen lasse?" – Nichts von alledem!

Das einzige, was zählt, ist Gottes Ja zu dir und dein Ja zu dieser Geschichte.

Ja, ich möchte auch dazugehören.

Etwas plötzlich hatte die Geschichte mit Philippus und dem Kämmerer begonnen. Sie endet genauso unvermittelt: „Als sie aber aus dem Wasser heraufstiegen, entrückte der Geist des Herrn den Philippus und der Kämmerer sah ihn nicht mehr; er zog aber seine Straße fröhlich."

Punkt, Aus, Ende.

Nach seiner Taufe verschwindet der Finanzminister aus Äthiopien aus unserem Blick. Fast ist es, als hätte es ihn nie gegeben. Und doch haben wir die Geschichte von ihm. Die Geschichte eines fröhlichen Menschen, der sein Leben lebte und seinen Weg ging über alle Grenzen hinaus, über die Grenzen der Gemeinde, über die Gren-

191

zen der Stadt und des Landes hinaus und sein Glück gefunden hatte.

Das wünsche ich uns allen, heute Morgen besonders denen, die gleich getauft werden.

Dass ihr euren Weg fröhlich geht – wohin auch immer!

Amen.

28.01.2018 – Septuagesimä
Jer 9,22-23

Liebe Gemeinde!

„Ich bin ein stabiles Genie." Mit diesem Satz hat US-Präsident Trump vor kurzem die Messlatte in Sachen Eigenlob sehr hoch gelegt. „Ich bin ein stabiles Genie." Wie kommt jemand dazu, solch einen Satz über sich selbst zu sagen? Es hatte zuvor Zweifel an der geistigen Gesundheit des Präsidenten gegeben und vor allem eine öffentliche Debatte über seine Fähigkeit, das Amt auszuüben. Da stand also einer mächtig unter Druck, als er diesen Satz sagte, und ließ uns gleichzeitig tief in seine Seele blicken.

Warum hat jemand, der scheinbar alles hat – Reichtum und Macht –, es nötig, so über sich zu reden?

Im Buch des Propheten Jeremia ist uns ein Wort Gottes überliefert, das ein Licht auf diese Frage wirft. Aus Jeremia 9 lese ich:

22 So spricht der HERR: Ein Weiser rühme sich nicht seiner Weisheit, ein Starker rühme sich nicht seiner Stärke, ein Reicher rühme sich nicht seines Reichtums.

23 Sondern wer sich rühmen will, der rühme sich dessen, dass er klug sei und mich kenne, dass ich der HERR bin, der Barmherzigkeit, Recht

193

und Gerechtigkeit übt auf Erden; denn solches gefällt mir, spricht der HERR. (Lutherbibel 2017)

Dass es diese Mahnung überhaupt gibt, heißt zunächst einmal, dass es das Eigenlob und die Selbstverherrlichung offenbar nicht erst seit heute gibt. Schon in biblischer Zeit gab es also Menschen, die vor allem sich selbst gelobt und verherrlicht haben. Das Bedürfnis, das dahinter steckt, hat es also vermutlich auch schon gegeben. Das Bedürfnis, sich selbst groß und wichtig zu machen, das Bedürfnis, gesehen und beachtet zu werden. Wo kommt es her?

Sicherlich gibt es auf diese Frage nicht die eine Antwort, die alles erklärt. Aber es scheint doch so zu sein, dass Menschen, die als Kinder gedemütigt und in ihrer Würde verletzt wurden, ein besonders starkes Bedürfnis nach Anerkennung entwickeln. Wer früh in seinem Leben hört, dass er nichts taugt, oder sich zumindest nicht ganz sicher sein kann, dass er, trotz aller Fehler und Schwächen, anerkannt und geliebt ist, dem fehlt nicht selten als Erwachsenem ein gesundes Selbstwertgefühl. Dieses Loch im Selbstbild muss dann immer und immer wieder gestopft werden mit umso mehr Bestätigung und Lob. Menschen, die so verletzt wurden, tun oft alles, um von anderen gelobt zu werden. Oder, wenn dieses Lob ausbleibt, loben sie sich selbst, machen sich selbst groß und wichtig, nicht selten auf Kosten anderer bzw. indem sie andere abwerten. So groß ist der Durst nach Anerkennung, dass er kaum zu stillen ist. Jeder Schluck aus der Pulle des Lobes lässt ihn nur immer größer werden.

Wer diesen Durst spürt, wer so viel Lob braucht, dass er im Zweifelsfall sich selbst loben muss, weil es sonst niemand tut, für den ist dieses Wort Gottes nicht wirklich eine gute Nachricht. „Ein Weiser rühme sich nicht seiner Weisheit, ein Starker rühme sich nicht seiner Stärke, ein Reicher rühme sich nicht seines Reichtums." Wofür sollen denn dann Weisheit, Stärke und Reichtum gut sein, wenn ich mich noch nicht einmal dessen rühmen darf, wenn ich nicht stolz darauf sein soll?

Der Satz „Darauf kannst du stolz sein", auf die Eins in der Mathearbeit, auf den guten Geschäftsabschluss oder das leckere Abendessen, meint ja etwas sehr Gesundes. Wenn ich selbst von dem, was ich tue, so ganz und gar nicht überzeugt bin, wie sollen dann andere meine Arbeit ernst nehmen. Stolz zu sein auf etwas, was wir selbst geschaffen haben, ist völlig normal, ja lebensnotwendig.

Etwas anderes allerdings ist es, wenn wir uns abhängig machen vom Lob anderer. Wenn der eigene Stolz auf das selbst Geschaffene nicht ausreicht, sondern angereichert werden muss mit dem Lob der anderen, im Zweifelsfall auch noch überboten werden muss mit dem Eigenlob, dann läuft etwas schief, dann sind wir nahe dran an jenem denkwürdigen Satz: „Ich bin ein stabiles Genie."

Wenn Gott also das Eigenlob und die Selbstverherrlichung kritisiert, dann dient das unserer Befreiung. Wir sollen frei werden vom Zwang, uns selbst zu loben, und stattdessen frei werden für das Lob Gottes. „Wer sich rühmen will, der rühme sich dessen, dass er klug sei und mich kenne, dass ich der HERR bin, der Barmherzigkeit, Recht und Gerechtigkeit übt auf Erden; denn solches gefällt mir, spricht der HERR".

Was aber heißt das?

Ich vermute, dass viele von uns fromme Zeitgenossen vor Augen haben, die so demonstrativ bescheiden sind, dass es schon wieder arrogant wirkt. Da wird der selbst gebackene, super leckere Kuchen systematisch abgewertet. „Diesmal ist er mir wirklich überhaupt nicht gelungen. Ich weiß auch nicht, was mit dem Backofen los war." Man fühlt die Absicht und ist verstimmt. Es liegt auf der Hand, dass der Bäcker des Kuchens in umso höheren Tönen gelobt werden möchte.

Wilhelm Buch hat dieses Verhalten in wunderbare Worte gefasst:

Die Selbstkritik hat viel für sich.
Gesetzt den Fall, ich tadle mich;
So hab' ich erstens den Gewinn,
dass ich so hübsch bescheiden bin;
Zum zweiten denken sich die Leut',
Der Mann ist lauter Redlichkeit;
Auch schnapp ich drittens diesen Bissen
Vorweg den andern Kritiküssen;
Und viertens hoff' ich außerdem
Auf Widerspruch, der mir genehm.
So kommt es denn zuletzt heraus,
Dass ich ein ganz famoses Haus.

Was hier in Reimform sehr lustig klingt, hat doch einen ernsten Hintergrund. Es zeigt, wie tief verwurzelt das Verlangen nach Anerkennung und Bestätigung in uns ist. Es sucht sich eben seine Umwege, wenn es auf direktem Wege nicht gestillt werden kann.

Die Aufforderung, sich der eigenen Klugheit im Sinne von Frömmigkeit zu rühmen, ist sinnvoll nur als Form von Ironie. Wo wir diese Worte wörtlich nehmen, da bleiben wir im alten Fahrwasser des Selbstlobs und trinken von einer Quelle, die nur umso durstiger macht.

„Ich bin der HERR, der Barmherzigkeit, Recht und Gerechtigkeit übt auf Erden". Hier meldet sich die Stimme zu Wort, die mit Fug und Recht Lob für sich beanspruchen kann. Die Stimme

Gottes, die uns unterbricht in unserem ängstlichen Selbstgespräch: Werde ich genügen? Schaffe ich das alles? Bin ich schön? Bin ich gut? Werden die anderen mich mögen? Darf ich dazugehören?

Wir stellen uns immer wieder diese Fragen und bekommen doch oft keine Antwort. Es sind Fragen wie Treibsand, in denen wir keinen Grund finden zum Gehen oder Stehen.

Der Grund, auf dem wir stehen, ist vielmehr Gottes Barmherzigkeit und seine Gerechtigkeit.

Gott schaut uns an und sieht uns, wie wir sind.

Gott sieht seine Geschöpfe, Menschen mit Stärken und Gaben, die aber natürlich auch ihre Schwächen und Defizite. Menschen, die Fehler machen und leider oft auch Böses wollen und tun.

Gott schaut uns an und wenn wir uns seinem Blick aussetzen, dann werden wir schön und gut, dann spüren wir seine Barmherzigkeit und sein Heil für uns.

Liebe Gemeinde!

Manchmal denke ich, dass wir in unserer Kirche und sicherlich auch in unserer persönlichen Frömmigkeit vor allem das eine wieder lernen müssen: uns Gottes Blick auszusetzen.

Dem Blick der Barmherzigkeit und Güte, dem Blick dessen, der uns gerecht macht, der uns befreit von dem traurigen Zwang, uns selbst loben zu müssen.

Probieren Sie es doch einmal aus, mit nichts als einem Bibelwort in die Stille vor Gott zu gehen und dieses wirken zu lassen.

„Ich bin der Herr, dein Gott, der Barmherzige, der dich zurecht bringt. Du gefällst mir."

Wieviel Krampf und Sorge könnten wir uns sparen, wenn wir uns dies sagen ließ, heute und morgen, Tag für Tag als Fundament unseres Lebens.

Bleibt die Frage offen:

Wofür sollen denn dann Weisheit, Stärke und Reichtum gut sein, wenn wir uns nicht mehr dessen rühmen müssen?

Für alles das eben, wofür man sie sonst noch gut brauchen kann: Zum Lösen schwieriger Probleme, zur Stärkung der Schwachen, um Rechnungen zu bezahlen von denen, die dies nicht selbst können. Einfach so, weil es sinnvoll ist.

Amen.

25.02.2018 – Reminiszere
Jes 5,1-7

Liebe Gemeinde!

In vino veritas – im Wein liegt Wahrheit. Diese Redensart spielt auf die Wirkung des Alkohols an, der die Zunge löst und schon manch einen dazu brachte, mehr zu sagen, als er im nüchternen Zustand gewagt hätte.

Diese Wirkung kann willkommen sein. Zum Beispiel wenn jemand sich nach dem Genuss eines leichten Weißweins ein Herz fasst und endlich der Angebeteten seine Liebe gesteht.

Doch es gibt auch schwere Tropfen aus dem Weinberg und schwere Botschaften.

Eine solche schwere Botschaft hat heute der Prophet Jesaja für uns.

Ich lese aus dem 5. Kapitel die Verse 1–7:

1 Wohlan, ich will von meinem lieben Freunde singen, ein Lied von meinem Freund und seinem Weinberg.

Mein Freund hatte einen Weinberg auf einer fetten Höhe. 2 Und er grub ihn um und entsteinte ihn und pflanzte darin edle Reben. Er baute auch einen Turm darin und grub eine Kelter und wartete darauf, dass er gute Trauben brächte; aber er brachte schlechte.

3 Nun richtet, ihr Bürger zu Jerusalem und ihr Männer Judas, zwischen mir und meinem Wein-

berg! 4 Was sollte man noch mehr tun an meinem Weinberg, das ich nicht getan habe an ihm? Warum hat er denn schlechte Trauben gebracht, während ich darauf wartete, dass er gute brächte?

5 Wohlan, ich will euch zeigen, was ich mit meinem Weinberg tun will! Sein Zaun soll weggenommen werden, dass er kahl gefressen werde, und seine Mauer soll eingerissen werden, dass er zertreten werde. 6 Ich will ihn wüst liegen lassen, dass er nicht beschnitten noch gehackt werde, sondern Disteln und Dornen darauf wachsen, und will den Wolken gebieten, dass sie nicht darauf regnen.

7 Des HERRN Zebaoth Weinberg aber ist das Haus Israel und die Männer Judas seine Pflanzung, an der sein Herz hing. Er wartete auf Rechtsspruch, siehe, da war Rechtsbruch, auf Gerechtigkeit, siehe, da war Geschrei über Schlechtigkeit. (Lutherbibel 2017)

Eine schwere Botschaft, die überraschend leicht und poetisch beginnt. „Ich will von meinem lieben Freunde singen", sagt der Prophet und meint Gott. Gott, den Besitzer des Weinbergs Israel.

Doch dieses Lied ist kein Karnevalsschlager und kein Liebeslied, jedenfalls kein einfaches Liebeslied. Jesaja singt das Lied vom Untergang des Weinbergs.

Wie kommt er dazu? Erinnern wir uns an die Geschichte Israels.

Israel ist das Volk des Bundes. Gott hatte nach der Rettung aus Ägypten am Sinai mit seinem Volk einen Bund geschlossen. Dieser Bund enthielt die Zusage: „Ich bin der Herr, dein Gott" (Ex 20,2), aber eben auch die Verpflichtung des Volkes auf Gottes Gebot. Dazu hatte das Volk Ja gesagt: „Alle Worte, die der Herr gesagt hat, wollen wir tun." (Ex 24,3) Sie hatten Ja gesagt, doch dann ihren Worten keine Taten folgen lassen. Oder – schlimmer noch – ganz andere Taten folgen lassen.

Statt auf der Grundlage von Gottes Bund in Recht und Gerechtigkeit miteinander zu leben, ging es in Israel nicht anders zu als überall auf der Welt: Die einen wurden reich und reicher, die anderen arm und ärmer. Die einen sammelten Land und Häuser, die anderen hatten kein Dach über dem Kopf und mussten auf der Straße leben.

Verhältnisse also, die uns heute nicht so ganz unbekannt sind, an die wir uns längst gewöhnt haben.

Nur Jesaja gewöhnt sich nicht daran, sondern misst die Verhältnisse am Willen Gottes und kommt zu dem Schluss:

„Er [Gott] wartete auf Rechtsspruch, siehe, da war Rechtsbruch, auf Gerechtigkeit, siehe, da war Geschrei über Schlechtigkeit."

Rechtsbruch statt Rechtsspruch, Geschrei über Schlechtigkeit statt Gerechtigkeit, dieses Wortspiel zeigt den Abstand zwischen Gottes Willen und der Realität. Gott will, dass Recht gesprochen wird, damit Gerechtigkeit herrsche unter den Menschen des Landes. Stattdessen wird das Recht gebrochen, auch von denen, die es eigentlich anwenden und so verteidigen sollten.

Die Antwort Jesajas auf diese Verhältnisse ist das Lied vom Untergang des Weinbergs.

Jesaja schildert noch einmal, was Gott getan hat, um diesen Weinberg zu pflegen. Er gibt Gott recht: Mehr kann man wirklich nicht machen, als einen guten Standort auszusuchen, umgraben, entsteinen, edle Reben pflanzen, einen Turm und eine Kelter bauen, die Reben beschneiden und einen Zaun errichten gegen die wilden Tiere. Wenn der Weinberg dann trotzdem keine guten Trauben bringt, dann liegt es nicht am Besitzer, sondern dann muss es am Weinberg selbst liegen.

Die Entscheidung des Besitzers ergeht ohne Feuer und Zorn, sondern nüchtern und kalkuliert. Er zerstört nicht den Weinberg, er brennt ihn nicht nieder oder reißt ihn aus, aber er überlässt ihn sich selbst und weiht ihn so dem Untergang. Er nimmt den Zaun weg und reißt die

Mauer ein, er hört mit der Pflege auf, er lässt Disteln und Dornen freies Spiel.

Dieser Weinberg wird – daran besteht kein Zweifel – untergehen. Schon bald wird er als Weinberg nicht mehr erkennbar sein. Nur noch die Älteren werden sich erinnern: Da war doch mal ein Weinberg. Und mit ihnen stirbt auch die Erinnerung an den Weinberg.

Liebe Gemeinde!

Mich fasziniert und erschüttert zugleich, wie drastisch und plastisch dieses Weinberglied des Propheten Jesaja vom Untergang Israels redet. Drastisch, weil es auf jede Form des Trostes verzichtet. Hier wird in gar keiner Weise der Eindruck erweckt, es würde am Ende alles irgendwie doch noch gut. „Et hätt noch immer jot jejange" ist hier wirklich ganz weit weg. Dieser radikale Ernst spiegelt die Lage der Opfer wieder. Diejenigen, denen das Nötigste zum Leben fehlt, die Entrechteten, denen das Recht auf Leben abgesprochen wird, die haben keine Chance und darum verzichtet Jesaja auf jeden Trost für diejenigen, die das zu verantworten haben.

Mit dem babylonischen Exil im 6. Jahrhundert vor Christus, in dem Israel Land und Tempel verlor, bewahrheitete sich schließlich das Weinberglied des Jesaja. Das Ende kam tatsächlich, wie er es angekündigt hatte. Für lange Zeit existierte Israel im Exil, für noch längere Zeit verlor es seine innere Mitte, den Tempel, und seine Eigenständigkeit als Staat.

Das Weinberglied des Jesaja überdauerte dieses Ende, weil es so plastisch von Gott redet. Uns, die wir heute leben, kann es zur Warnung werden.

Als christliche Kirche sind auch wir der Weinberg Gottes. Wir sind es dank Jesu Werk und Wirken wie das Judentum, wie unsere älteren Geschwister. Damit ist auch gesagt, wer der Besitzer des Weinbergs ist: Gott selbst, der uns gepflanzt hat, der uns hegt und pflegt.

Das jedenfalls ist meine Hoffnung für uns, dass Gott noch am Werk ist unter uns, dass er seine Reben noch beschneidet, den Boden noch hackt, den Zaun noch flickt, in dessen Grenzen wir Kirche sind.[21]

Denn alles andere mag ich mir gar nicht vorstellen.

Ich möchte nicht in einer Kirche leben, die sich selbst überlassen ist, die nur noch mit sich selbst beschäftigt ist. Eine Kirche, die meint, sie müsse sich selbst hegen und pflegen oder sie könne auf Hege und Pflege gleich ganz verzichten.

Wir haben in der Vergangenheit sicherlich zu oft einfach dem freien Spiel der Kräfte vertraut, zu jedem Bedürfnis Ja gesagt und wahllos in unserem Weinberg alles angebaut, was wachsen wollte. Das Ergebnis war Wildwuchs, eine große

Fülle von Angeboten und Aktivitäten, denen am Schluss doch die Mitte fehlte.

Heute müssen wir neu lernen, uns zu konzentrieren. Wir müssen neu lernen, uns Zeit für das Wesentliche zu nehmen und alles das zu lassen, was nebensächlich und unwesentlich ist.

Wir brauchen vor allem neues Vertrauen zum Herrn des Weinbergs, dass er unter uns wirkt und uns von den vertrockneten Reben befreit, damit der Saft und die Lebenskraft des Evangeliums dorthin fließt, wie sie gebraucht wird und wirken will.

Die Einschnitte, vor denen wir als Kirche stehen, dienen der Kultivierung des Weinbergs. Sie sind nötig, damit es Früchte gibt unter uns. Früchte des Glaubens und der Liebe. Wir sind ja als Weinberg des Herrn kein Selbstzweck, sondern wir sind da, damit die Welt ein Zeichen bekommt: Gott wohnt unter uns und errichtet sein Reich in unserer Mitte. Diese gute Nachricht wollen wir ja unter die Leute bringen, damit sie glauben lernen, von uns und mit uns. So werden wir unserer Berufung gerecht, so werden wir Gott und den Menschen gerecht, als Zeugen der Liebe Gottes, auch und gerade mit unserem Handeln.

Denn wir sind berufen zur Gerechtigkeit. Zu der Gerechtigkeit, die Gott uns schenkt, und zu der Gerechtigkeit, die wir mit unserem Handeln suchen, auch und gerade als Bürgerinnen und Bürger dieses Staates.

Viel ist in den vergangenen Tagen und Wochen darüber diskutiert worden, ob beispielsweise die Türkei ein Rechtsstaat ist. Die Freilassung des Journalisten Deniz Yücel aus türkischer Haft nach über einem Jahr ohne Anklage wurde von der Türkei dargestellt als Entscheidung eines Rechtsstaats. Man darf an dieser Darstellung Zweifel haben. Ob die türkische Justiz unabhängig von politischen Vorgaben arbeitet, ist fraglich.

Fraglich ist dies aber nicht nur in der Türkei, sondern auch beispielsweise in Polen, in Ungarn, in Russland. In den USA behauptet sich die Justiz gegen politische Einflussnahme. Die Versuche, den Rechtsstaat auszuhöhlen, sind dennoch massiv.

Mit der AfD haben auch wir in Deutschland mittlerweile eine Partei, die Demokratie und Rechtsstaat mit Füßen tritt. Spätestens seit der Aschermittwochsveranstaltung der vier ostdeutschen AfD-Landesverbände Sachsen, Sachsen-Anhalt, Thüringen und Brandenburg in Pirna wissen wir auch dort, wo wir dran sind.

(Wenn Sie da noch Zweifel haben, schauen Sie sich die Videos auf Youtube an.[22] Dann wissen Sie Bescheid.)

Demokratieverachtung und Rassismus gepaart mit Gesten und Reden, die an den Nationalsozialismus erinnern sollen, zeigen diese Partei am Aschermittwoch ganz unmaskiert.

Liebe Gemeinde!

Auch Demokratie und Rechtsstaat bedürfen der Pflege. Eine Gesellschaft ohne Recht und Gerechtigkeit verwildert wie ein Weinberg, der sich selbst überlassen wird. Dann gilt nur noch das Recht des Stärkeren, nicht mehr die Stärke des Rechts.

Dann wird eines Tages das Geschrei über Rechtsbruch auch in unseren Straßen wieder zu hören sein.

Noch ist es nicht soweit. Aber wir müssen wachsam sein und den Herrn des Weinbergs bitten, dass er uns nicht uns selbst überlässt, damit auch wir Sorge tragen können für die Früchte, die er von uns erwartet.

Amen.

25.03.2018 – Palmsonntag
Jes 50,4-9

Liebe Gemeinde!

Sind Sie auch noch etwas müde heute Morgen? Für viele Menschen ist der Sonntag der einzige Tag in der Woche, an dem sie mal so richtig ausschlafen können. Ausgerechnet dann in die Kirche rennen zu sollen, empfindet mancher als Zumutung, wie mir immer wieder versichert wird. Dabei kann es so schön sein, noch ein bisschen müde in der Kirche zu sitzen.

Denn Müdigkeit kann angenehm sein. Müdigkeit schiebt sich wie ein Dämpfer zwischen uns und die Welt. Musik, Worte und Licht verlieren die Schärfe, die sie sonst oft haben. Ein gnädiges Dämmern des Körpers schützt unseren Geist und unsere Seele vor den harten und eckigen Seiten der Welt.

Gut dran ist, wer in diesem Zustand einen Ort findet, wo sich in Ruhe müde sein lässt. Wo es warm und trocken ist, hell, aber niemals grell, klangerfüllt und wohltemperiert. So wie unsere Kirche heute Morgen.

Müde in der Kirche sein, eine gute Voraussetzung und ein idealer Ort, um sich inspirieren und neu beleben zu lassen.

Herzlich willkommen, all Ihr Müden!

Doch Müdigkeit ist nicht gleich Müdigkeit. Sie kann ja, wie wir wissen, auch sehr unangenehm sein. Dann nämlich, wenn sie eine tiefgreifende Erschöpfung anzeigt. Solche Müdigkeit hat nichts angenehm Beruhigendes. Im Gegenteil: Sie geht oft einher mit Anspannung und innerer Unruhe.[23] Wer diese Müdigkeit spürt, der braucht mehr als einen Sonntagmorgen zum Ausschlafen oder eine Stunde in der Kirche. Der braucht einen Menschen zum Reden. Einen Menschen, der sich Zeit für ihn nimmt und genau hinschaut.

Das wusste auch schon jener namenlose Diener Gottes, dessen Worte der Prophet Jesaja überliefert. Ich lese aus dem 50. Kapitel die Verse vier bis neun.

4 Gott der HERR hat mir eine Zunge gegeben, wie sie Jünger haben, dass ich wisse, mit den Müden zu rechter Zeit zu reden. Er weckt mich alle Morgen; er weckt mir das Ohr, dass ich höre, wie Jünger hören. 5 Gott der HERR hat mir das Ohr geöffnet. Und ich bin nicht ungehorsam und weiche nicht zurück. 6 Ich bot meinen Rücken dar denen, die mich schlugen, und meine Wangen denen, die mich rauften. Mein Angesicht verbarg ich nicht vor Schmach und Speichel.

7 Aber Gott der HERR hilft mir, darum werde ich nicht zuschanden. Darum hab ich mein Angesicht hart gemacht wie einen Kieselstein; denn ich weiß, dass ich nicht zuschanden werde. 8 Er

ist nahe, der mich gerecht spricht; wer will mit mir rechten? Lasst uns zusammen vortreten! Wer will mein Recht anfechten? Der komme her zu mir! 9 Siehe, Gott der HERR hilft mir; wer will mich verdammen? Siehe, sie alle werden wie ein Kleid zerfallen, Motten werden sie fressen.

Mit den Müden muss man reden, und zwar zur rechten Zeit. So die Überzeugung des sog. Gottesknechts bei Jesaja. Und für Israel im Exil war die rechte Zeit gekommen.

Der zweite Teil des Prophetenbuchs Jesaja entstand im babylonischen Exil. Israel war im 6. Jahrhundert vor Christus von den Babyloniern eingenommen worden. Der Tempel war zerstört, die Führungsschicht des Volkes exiliert worden.

Lange, viel zu lange dauerte nun schon das Leben im Exil, fern der Heimat, fern vom Tempel, dem Ort, wo Gottes Name wohnte, fern der Quelle des Lebens. Siebzig Jahre, ein ganzes Menschenleben, sollten vergehen, bis der Tempel wieder aufgebaut wurde.

Wer sich von den Quellen des Lebens trennt oder davon getrennt wird, wer seine Kräfte nicht mehr erneuern kann und gezwungen wird, von der eigenen Substanz zu leben, der erschöpft sich über kurz oder lang vollkommen.

Israel war müde und erschöpft vom Leben im Exil, vom Leben ohne Freiheit. Die rechte Zeit war gekommen für den Aufbruch in die Freiheit, für den Weg zurück zu den Quellen des Lebens. Nächstes Jahr in Jerusalem! Endlich wieder zu Hause.

Mit den Müden muss man reden, und zwar zur rechten Zeit. Das wissen wir auch in der Seelsorge unserer Kirche. Überall, wo Menschen miteinander reden und sich gegenseitig entlasten, da geschieht solche Seelsorge.

Wir brauchen Räume in unserem Leben, wo wir ohne Furcht sagen können, wie es uns geht. Ohne Furcht vor dem Urteil anderer oder vor schnellen Ratschlägen. „Iss mehr Gemüse, beweg dich mehr an der frischen Luft" – alles richtig, aber in manchen Situationen leider keine Hilfe. Eher schon Orte, wo die Müdigkeit Raum gewinnen, sich ausbreiten darf. Orte, wo wir aufeinander hören und auch miteinander schweigen. Wir können einander solche Ort schenken, hier in der Gemeinde und anderswo, zu Hause oder bei einem Spaziergang im Park.

Ob dann solche Gespräche von den Ermüdeten begeistert aufgenommen werden, das muss man erst mal sehen.

Die Botschaft jenes Dieners Gottes, von dem Jesaja erzählt, wurde jedenfalls nicht von allen mit jubelnder Begeisterung aufgenommen.

„Tröstet mein Volk!, spricht euer Gott. Redet mit Jerusalem freundlich und predigt ihr, dass ihre Knechtschaft ein Ende hat" (Jes 40,1), diese Botschaft sollten die Müden im Exil hören.

Eine frohe Botschaft, eine gute Nachricht!

Eigentlich – doch auch gegen diese gute Nachricht gab es Widerstand, und zwar nicht zu knapp. Von Schlägen und Spott ist die Rede.

„Ich bot meinen Rücken dar denen, die mich schlugen, und meine Wangen denen, die mich rauften. Mein Angesicht verbarg ich nicht vor Schmach und Speichel."

Warum dieser Widerstand gegen die gute Nachricht vom Ende des Exils, vom Aufbruch in die Freiheit?

Manchmal ist es wohl so, dass Menschen so tief drinstecken in dem, was sie bedrückt und erschöpft, dass sie zunächst einmal gar nicht hören können und wollen, wenn ihnen jemand Besserung verspricht.

Sie bringen tausend Gründe vor, warum es eigentlich gar nicht anders werden kann, warum es vielmehr immer schon so gewesen ist und immer so weiter gehen muss. Auch wenn es nicht gut ist, ist es doch vertraut, so wie es ist.

Darum fragte ja Jesus den Lahmen am Teich Bethesda: „Willst Du gesund werden?" (Joh 5,6), bevor er ihn heilte. Ohne ein Ja auf diese Frage gibt es keine Besserung.

Widerstand gegen die Besserung der eigenen Situation, das gibt es auch heute noch, vielleicht öfter, als wir denken.

Die Müdigkeit hat ein schlechtes Image. Wer zugibt, dass er erschöpft ist und nicht mehr kann, wird kritisch angeschaut. Fehlt dem Kollegen etwa das nötige Engagement? Ist die Kollegin unter Umständen nicht voll identifiziert mit dem Unternehmen? Gute Ratschläge lassen meistens nicht lange auf sich warten. Gesunde Ernährung, mehr Sport und – wo das nicht reicht – ein neuer Dienstwagen oder ein höherer Bonus als ultimativer Anreiz, als definitiver Kick auf der Überholspur von Karriere und Leben.

Wenn jemand eine Formschwäche zeigt, dann wird ihm meistens zu mehr desselben geraten. Zu mehr Engagement, mehr Identifikation, mehr Mut,[24] mehr Aktivität.

Mehr, mehr, mehr!

Ich glaube, dass dieses dauernde mehr von allem das grundlegende Merkmal unserer Zeit am Beginn des 21. Jahrhunderts ist.

Mehr von allem, bis es am Ende von allem zu viel ist. Wir sind als Einzelne und als Gesellschaft gefangen in einer Spirale des Mehr, die zu immer höherer Produktion, ins Unendliche gesteigerter Leistung und immer dichterer Kommunikation führt. Die Wirtschaft muss wachsen, die Arbeitszeit wird verdichtet, neben Post und E-Mail sind längst auch die Kanäle der Sozialen Medien getreten, die alle irgendwie bedient werden wollen und um unsere Aufmerksamkeit konkurrieren.

Dieser Exzess des Mehr führt am Ende zum „Infarkt der Seele".[25]

Erschöpfung, Ermüdung und Erstickung des Lebens sind die Folge.

Die gute Nachricht?

Es gibt auch aus diesem Exil einen Ausweg, einen Weg, der in die Freiheit führt.

Ob wir ihn gehen, liegt an uns.

Natürlich gibt es viele gute Gründe, die dagegen sprechen. Die Meinung der anderen, die Sorge um unser Image, endlose To-Do-Listen und der schillernde Prospekt der Freizeitaktivitäten, die auch noch alle irgendwie koordiniert werden müssen.

Der namenlose Diener Gottes aus dem Jesajabuch gibt uns heute, am Beginn der Karwoche, ein kräftiges Gegenbild mit auf den Weg. Er wappnet sich gegen den vermeintlichen oder tatsächlichen Spott der anderen. Ich habe „mein Angesicht hart gemacht wie einen Kieselstein". Sollen sie doch reden!

Er entscheidet sich für das Hören.

„Er weckt mich alle Morgen; er weckt mir das Ohr, dass ich höre, wie Jünger hören."

Was am Beginn des Tages steht, das bestimmt auch seinen Rest. Das Hören steht vor aller Aktivität. Es steht für eine grundlegende andere Haltung im Leben. Das Entscheidende wird nicht von uns geschafft, sondern kommt auf uns zu, kommt uns zuvor – von Gott.

Wer aus dieser Gewissheit lebt, wird nicht allen gefallen, muss es aber auch nicht. Denn „siehe, Gott der Herr hilft mir; wer will mich verdammen"?

Liebe Gemeinde!

Aus diesem Hören auf Gott, das aller Aktivität vorausgeht und diese heilsam begrenzt, lässt sich tatsächlich leben.

Jochen Klepper, der Autor des heutigen Predigtliedes, hat es tatsächlich getan. Sein Lied ist für mich wie ein Kommentar zum Bibeltext.

In den Zeilen, die er im Jahr 1938 dichtete, hat er sich einen Ort des Schweigens geschaffen. Wo Gott spricht, „da schweigen Angst und Klage". Und in diesem Raum des Schweigens lässt sich leben und sterben.

Jochen Klepper, der mit einer jüdischen Frau verheiratet war, nahm sich angesichts nationalsozialistischer Verfolgung 1942 zusammen mit seiner Familie das Leben.

Ein Schritt, den er gewiss nicht leichtfertig ging. Letztlich war es die Treue zu seiner Familie, die für ihn diesen Schritt unumgänglich machte. Ein Schritt, in dem er sich getragen wusste von Christus, dem er ganz gehören wollte.

Wenn wir versuchen, aus dem Hören auf Christus zu leben, ihm zu gehören, dann hoffen wir, dass uns solche drastischen Schritte, wie sie Jochen Klepper am Ende gegangen ist, erspart bleiben.

Gott bewahre uns vor so einem Weg.

Und dennoch spüre ich bei Klepper etwas von der Freiheit, die aus dem Hören kommt. Eine Freiheit, die auch in schwierigen Situationen trägt und Wege eröffnet.

Ich möchte gerne diese Woche fürs Hören nutzen. Fürs Hören auf Gott, auf meine eigene innere Stimme und auf meinen müden Nachbarn. Es ist Zeit dafür.

Amen.

01.04.2018 – Ostersonntag
1 Sam 2,1-2.6-8a

Liebe Gemeinde!

Wann waren Sie eigentlich zum letzten Mal so richtig aus dem Häuschen vor Freude? Und woran haben das die anderen Menschen eigentlich gemerkt?

Liebend gerne würde ich Sie jetzt einmal zur Auferstehung aus ihren Bänken einladen, damit wir einander zeigen, wie es aussieht, wenn wir nicht wissen, wohin mit unserer Freude.

Ich stelle mir vor, wie einige von Ihnen einen Luftsprung machen und dabei eine beachtliche Höhe erreichen. Andere werfen die Arme in die Luft und jubeln laut. Wieder andere lachen und kriegen sich kaum noch ein.

Wer sich wirklich freut, der strahlt das aus, dem sieht man es an.

Von einer Frau, die sich über alle Maße laut jubelnd freut, erzählt der Predigttext für den Ostersonntag. Ein Text aus dem Alten Testament, er steht im ersten Buch Samuel. Ich lese aus dem zweiten Kapitel die Verse 1 bis 2 und 6 bis 8a.

1 Und Hanna betete und sprach:
Mein Herz ist fröhlich in dem HERRN,

mein Horn ist erhöht in dem HERRN. Mein Mund hat sich weit aufgetan wider meine Feinde, denn ich freue mich deines Heils.

2 Es ist niemand heilig wie der HERR, außer dir ist keiner,
und ist kein Fels, wie unser Gott ist.
6 Der HERR tötet und macht lebendig,
führt ins Totenreich und wieder herauf.
7 Der HERR macht arm und macht reich;
er erniedrigt und erhöht.
8 Er hebt auf den Dürftigen aus dem Staub
und erhöht den Armen aus der Asche, dass er ihn setze unter die Fürsten und den Thron der Ehre erben lasse. (Lutherbibel 2017)

Hanna freut sich und wir sehen es ihr an. Ihre Freude ist nicht nur innerlich. Im 19. Jahrhundert wurden Frauen dazu angehalten – je nach gesellschaftlicher Schicht – entweder kultiviert oder fleißig zu sein.[26] Für überbordende Freude blieb nicht viel Platz, allenfalls für ein bisschen innere Fröhlichkeit und ein freundliches Lächeln, aber bitte leise.

Ganz anders Hanna! „Mein Horn ist erhöht in dem Herrn." Das ist noch mehr als aufrechter Gang, das ist mindestens so ein starker Ausdruck wie: Ich kann vor Kraft kaum laufen.

Und: „Mein Mund hat sich weit aufgetan wider meine Feinde." Mit anderen Worten: Hanna reißt gewaltig das Maul auf, so sehr freut sie sich.

Und vor allem: So kräftig, so stark triumphiert sie über ihre Feinde.

Was war da passiert, was hatte Hanna zu diesem Gebet inspiriert?

Das erste Buch Samuel beginnt mit der Erzählung von Hanna. Sie war die Frau Elkanas. Der hatte zwei Frauen, neben Hanna auch noch Peninna. Damals war das so üblich. Das eigentliche Drama aber begann, als Peninna Kinder bekam und Hanna nicht. Das wäre für sich genommen schon schlimm genug gewesen. Doch Peninna ließ es eben nicht gut sein damit, dass sie sich über Kinder freuen durfte, sondern sie „kränkte und reizte" (1,6) Hanna, weil diese keine Kinder bekam.

Hannas Schmerz muss groß gewesen sein. So groß, dass sie aufhörte zu essen und nicht mehr aufhörte zu weinen. In ihrem Schmerz versenkte sie sich ins Gebet. So tief, dass Eli, der Priester am Heiligtum, dachte, sie sei betrunken, wie von Sinnen. Hanna aber antworte ihm: „Nein, mein Herr! Ich bin eine betrübte Frau; Wein und starkes Getränk hab ich nicht getrunken, sondern habe mein Herz vor dem HERRN ausgeschüttet." (1,15)

Liebe Gemeinde!
Diese Geschichte ist eine Ostergeschichte, weil Gott Hannas Gebet erhörte. Weil Gott auf das

Leid und die Demütigung der Hanna eine Antwort gab. Und diese Antwort hörte auf den Namen Samuel. Jener Samuel, der später als Prophet den ersten König in Israel, Saul, salben sollte.

Der Lobgesang der Hanna, ihr Gebet, dankt Gott mit großer Geste – „mein Horn ist erhöht", „mein Mund hat sich weit aufgetan" – und denkt sehr grundlegend über Gottes Wirken nach. Hanna ist eben beides, stark in ihrem Ausdruck und reflektiert in ihrem theologischen Nachdenken. Das ist kein Widerspruch!

Hanna sagt, wer Gott ist, der ihr Gebet erhört hat. Es ist der eine und einzige Gott Israels. „Außer dir ist keiner." (2,2) Es ist derjenige, der als Schöpfer und Erlöser Macht über Leben und Tod hat. „Der Herr tötet und macht lebendig", betet Hanna, er „führt ins Totenreich und wieder herauf." (2,6)

Ein atemberaubender Satz, der auch unser Reden von Gott herausfordert.

Längst haben wir uns angewöhnt, Gott vor allem mit den guten Seiten des Lebens in Verbindung zu bringen. Gerne sehen wir Gott als Geber aller guten Gaben.

Doch das Kreuz steht auch dafür, dass es ein Leben ohne Leiden nicht gibt. Und mit dem Leiden bringen wir Gott nur schwer in Verbindung. Bestenfalls sagen wir: Gott sei solidarisch mit den Leidenden.

Doch Hanna sagt mehr und sieht tiefer. Sie erkennt Gott als denjenigen, der unser ganzes Leben in Händen hält, mit allen schönen und mit allen schwierigen Seiten. Und sie nimmt ihr Leben, genau so aus Gottes Händen, ihr Leid und ihre große Freude. Beides!

Zwei Missverständnisse gilt es nun an dieser Stelle auszuschließen.

Dass Hanna ihr Leben mit allem Schönen und allem Schweren aus Gottes Händen nimmt, das heißt nicht, dass sie es klaglos tut. Dass sie sich einfach so in ihr Schicksal fügt und ergeben dazu schweigt. Ihr Gebet zeigt ja gerade, wie intensiv sie sich mit dem Leiden auseinandersetzt, wie hartnäckig sie Gott anfleht, wie unnachgiebig sie an ihrem Wunsch festhält und ihre Sehnsucht nicht verrät.

Das können wir von Hanna lernen. Es ist wichtig, die unerfüllten Träume unseres Lebens nicht einfach abzuschreiben, sich nicht einfach mit dem Erstbesten zufrieden zu geben und über alle Schwierigkeiten hinwegzutrösten. Das mag auf den ersten Blick sehr fromm wirken. Doch die österliche Hoffnung will mehr. Und darum wendet sie sich an den Gott, der mehr kann, nämlich heraufführen aus dem Totenreich, Leben schenken. Die österliche Hoffnung denkt groß von Gott und erwartet darum viel von ihm.

Und dennoch kann es sein, dass sich ein Herzenswunsch nicht erfüllt, dass ein Gebet unerhört bleibt, dass der bleierne Himmel über uns stumm und verschlossen schweigt. Manch einer kommt dann auf den Gedanken zu sagen: Du musst mehr beten. Oder schlimmer noch: Du hast nicht genug gebetet. Solche Sätze machen alles nur schlimmer. Sie vertiefen nur das Leid und die Demütigung und darum sagen wir sie einfach nicht. Aber wir bleiben bei denen, über denen der Himmel schweigt, harren aus mit ihnen und beten für sie. Und vielleicht kommt auch die Zeit, da wir stellvertretend für sie glauben müssen, dass Gott dennoch da ist, dass er dennoch „den Dürftigen aus dem Staub" hebt und „den Armen aus der Asche" (2,8) erhebt.

Liebe Gemeinde!
Zwei Dinge lerne ich heute, am Ostermorgen, aus der Geschichte von Hanna.

Gott ist zutiefst verwoben mit unseren irdischen Geschichten, mit den Hoffnungen und den Enttäuschungen, mit den Erwartungen und Erfüllungen unseres Lebens. Verwoben mit all' dem, was wir an Schmerz und Freude in unserem Körper erfahren.

Auferstanden von den Toten, das heißt eben auch: Ostern geschieht nicht einfach nur im Kopfkino. Auferstehung ist nicht einfach ein Satz, der über uns schwebt, den wir glauben oder nicht, sondern Ostern ist eine Realität, die wir in der echten Welt erfahren, die uns im Hier und Heute im wortwörtlichen Sinne etwas zu lachen gibt, die uns Freude schenkt.

Da wird tatsächlich ein Samuel geboren, wo vorher nur Schmerz und Demütigung waren.

Da wird tatsächlich ein Mensch gesund, den wir schon aufgegeben hatten.

Da sammelt sich tatsächlich eine Gemeinde und macht in ihrem Stadtteil einen Unterschied, bringt Hoffnung ins Leben der Menschen, wo vorher nur Tristesse und Einsamkeit herrschten.

Da fällt tatsächlich eine Mauer zwischen zwei Staaten, die sich lange feindlich gegenübergestanden hatten.

Und dann ist es leider so, dass es zu all' diesen positiven Beispielen immer auch Gegenbeispiele gibt.

Manche Kinder werden nie geboren, obwohl sie sehnlichst erwartet werden. Menschen sterben und werden nicht wieder gesund. Gemeinde zerfallen und sterben ab. Ja, selbst Freunde des Mauerbaus gibt es wieder.

Ich lerne also, zweitens, aus der Geschichte von Hanna, dass es bei all' dem nichts, aber auch gar nichts zu beschönigen gibt. Da helfen keine rosa Brille und kein Zweckoptimismus.

Mit hilft an dieser Stelle, dass wir uns dann mit Gott auseinandersetzen, dass wir – auch nach Ostern – klagen über all' das, was noch nicht gut ist. Manches davon sehen wir vielleicht erst jetzt, im Licht der österlichen Hoffnung, so richtig deutlich.

Wie skandalös es ist, dass es noch Länder gibt, in denen Kinder arbeiten müssen, statt in die Schule gehen zu dürfen.

Wie lieblos in manchen Krankenhäusern mit den Schwerkranken und Sterbenden umgegangen wird.

Wie ängstlich und besorgt um uns selbst wir manchmal in der Kirche sind.

Wie abgrundtief dumm und böse manche Politiker sind, die leichtfertig mit dem Frieden und der Freiheit der Menschen spielen.

Dann sagen wir:
Gott, wir wollen alle fröhlich sein.
Wir haben gehört, es gäbe Grund dazu.
Lass auch uns diesen Grund erfahren.
Mach uns zu Zeugen deines Christus.
Du kannst es doch.
Dann tue es auch.

Amen.

22.04.2018 – Jubilate
2 Kor 4,16-18

Liebe Gemeinde!

Der Lack ist ab. Das dachte ich, als ich am Tag nach der letzten Konfirmandenfreizeit morgens in den Spiegel schaute. Was drei Nächte mit wenig Schlaf doch in einem Gesicht anrichten können!

Jetzt denken Sie vielleicht, der hat gut reden. Komm erst mal in mein Alter, dann wirst du schon sehen, wo man noch überall das Alter spürt.

Aber Alter ist natürlich relativ. Jeder nimmt an sich selbst Veränderungen wahr und sieht daran, wie die Zeit vergeht.

Für die Kinder vergeht die Zeit nie schnell genug. Sie können kaum abwarten, bis sie endlich groß sind, Schulkinder, konfirmiert, raus aus der Schule, fertig mit der Ausbildung und dem Studium und so weiter und so fort.

Erwachsen ist man wahrscheinlich in dem Moment, wenn man zum ersten Mal diese Entwicklung am liebsten umkehren würde. Noch mal 20 sein und das Leben mit all' seinen Möglichkeiten vor sich haben. Wäre das schön!

Von diesem Gefühl lebt eine ganze Industrie. Mit Beauty-Produkten, mit Kosmetik, Wellness und Spa rücken wir unserem Körper zu Leibe

226

und hoffen darauf, den äußeren Verfall aufzuhalten oder wenigstens gnädig zu verdecken.

Ein Thema, das übrigens auch die Männer längst erreicht hat.

Und natürlich ist da auch etwas dran. Wenn ich mein Äußeres gestalte, dann wirkt das auch auf mein Inneres, auf mein Gefühl für mich selbst.

Allerdings in Grenzen. Der Traum von der ewigen Jugend, von der Unsterblichkeit wird wohl für immer ein Traum bleiben.

Damit jedoch können wir leben, gut leben sogar, wenn wir Paulus folgen.

Ich lese den Predigttext für den Sonntag Jubilate, aus dem zweiten Korintherbrief im vierten Kapitel die Verse 16 bis 18. Dort schreibt Paulus:

16 Darum werden wir nicht müde; sondern wenn auch unser äußerer Mensch verfällt, so wird doch der innere von Tag zu Tag erneuert. 17 Denn unsre Bedrängnis, die zeitlich und leicht ist, schafft eine ewige und über alle Maßen gewichtige Herrlichkeit, 18 uns, die wir nicht sehen auf das Sichtbare, sondern auf das Unsichtbare. Denn was sichtbar ist, das ist zeitlich; was aber unsichtbar ist, das ist ewig. (Lutherbibel 2017)

Paulus spricht aus, was offensichtlich der Fall ist. Unser äußerer Mensch verfällt. Wir werden alt. Wir sehen es an den Falten unserer Haut, an der Haltung unseres Körpers, an der Art, wie wir gehen, reden und denken. Daran ist nichts zu ändern, ob wir es wahrhaben wollen oder nicht.

Die Ausdrucksweise des Apostels ist drastisch. Von Verfall sprechen wir in der Regel lieber nicht, wenn wir uns selbst meinen. Paulus aber verwendet an dieser Stelle ein Wort, das im Griechischen ansonsten auch für Baumaterialien verwendet wird, z.B. für Eisen, das rostet. Paulus verzichtet also auf jede Beschönigung und kann sich diesen Verzicht darum leisten, weil er dem äußeren Verfall etwas anderes, ungleich gewichtigeres entgegenstellt. Der innere Mensch wird von Tag zu Tag erneuert!

Viel wurde in der Vergangenheit darüber diskutiert, was genau Paulus damit meint. Ich glaube, er meint etwas ganz einfaches und zugleich sehr zentrales:

Der innere Mensch, das sind wir selbst. Wir in unserer Verbindung mit Christus. Das sind wir unter der Wirkung des Heiligen Geistes. Das sind wir selbst, aber nicht von außen betrachtet, sondern aus der Perspektive Gottes, aus dem Blickwinkel des ewigen Lebens. Der äußere und der innere Mensch, das sind nicht zwei verschiedene Menschen, sondern ein- und derselbe Mensch. Allerdings die Betrachtungsweise ist eine jeweils andere. Auf der einen Seite das, was andere und wir von außen sehen können. Auf der andere Seite das, was Gott sieht, wenn er uns ansieht.

Denn Gott sieht uns nicht alleine, sondern er sieht uns in der Gemeinschaft mit dem Auferstanden, in der Gemeinschaft mit dem lebendigen Christus. Weil Christus lebt und die Kraft seines Lebens auch uns zuströmt, „darum werden wir nicht müde" (4,16), darum erneuern wir uns täglich, auch wenn wir äußerlich altern und schließlich verfallen, wie alles um uns herum seine Zeit hat und schließlich verfällt.

Nun ist das so eine Sache mit dem inneren Menschen. Leider können wir ihn nicht einfach so anschauen, wie wir den äußeren Menschen anschauen können. Den äußeren Menschen sehen wir im Spiegel, seine Schönheit und seinen Makel. Doch gibt es auch einen Spiegel für den inneren Menschen?

Paulus jedenfalls tut so, als gäbe es diesen Spiegel. Denn er schreibt: Wir schauen nicht „auf das Sichtbare, sondern auf das Unsichtbare".

Eine merkwürdige Formulierung. Wie soll man auf das Unsichtbare schauen? Mit welchen Augen geht das?

Es liegt nahe, diese Gedanken des Paulus für billigen Trost zu halten, ja letztlich für eine fromme Lüge. Gibt es da am Ende deshalb nichts zu sehen, weil es den inneren Menschen gar nicht gibt?

Ich mache an dieser Stelle deshalb die Stimme des Zweifels so stark, weil mit billigem Trost niemandem geholfen ist. Es nützt ja nichts, wenn wir uns gegenseitig immer nur beschwichtigen und sagen: Alles nicht so schlimm. Lass fahren dahin. Soll doch die Welt ruhig untergehen, Hauptsache ich freue mich tief in meinem Herzen meiner inneren Seligkeit.[27]

Doch bei Lichte besehen, ist das auch gar nicht die Argumentation des Paulus. Er spricht ja sehr deutlich, von der Bedrängnis. In seinem Falle bestand sie darin, dass die Gemeinde in Korinth an ihm zweifelte. Ein Apostel müsste doch eigentlich überzeugender auftreten, als dieser unscheinbare, kranke und schwache Mensch Paulus. Paulus war offensichtlich kein Performer, kein Strahlemann, keiner, der andere auf den ersten Blick mitreißen konnte, sondern ein Mensch mit offenkundigen Schwächen und genau so doch ein Mensch mit einer Botschaft:

„Wir sind bedrängt, aber wir ängstigen nicht. Uns ist bange, aber wir verzagen nicht", schreibt er einige Verse vor dem Predigttext.

Ich glaube, genau das ist die Realität des inneren Menschen: diese Widerstandskraft, wenn es schwierig wird. Es geht eben nicht um die Leugnung der Schwierigkeit oder um ihre Verharmlosung – alles nicht so schlimm –, sondern es geht darum, sie tragen zu können, ihnen gewachsen zu sein durch die Kraft, die uns im Heiligen Geist zuströmt.

Um diese Widerstandskraft ist es, so scheint es mir heute mit Blick auf die geistige Situation der Zeit, nicht allzu gut bestellt.[28] Die Symptome dafür sind vielfältig.

Es gibt viel Demokratiemüdigkeit. Demokratie erscheint vielen Menschen als zu langsam und zu kompliziert. Das gilt übrigens auch für die „demokratischen" Verfahren in der Kirche. Menschen haben ihre eigenen Interessen im Blick und wissen nicht mehr so recht, wie sie diese Interessen ins große Ganze einbringen können. Dann wenden sie sich ab und fühlen sich verlassen. Um mich kümmert sich ja doch keiner, meine Interessen vertritt niemand. Eigene Ängste werden auf „die da oben" projiziert, eigene Probleme den Flüchtlinge oder anderen Schwachen in die Schuhe geschoben. Und das alles spielt sich in einem zunehmend gereizten Ton ab.[29] In den sozialen Medien ist die Entzivilisierung des Umgangs miteinander am besten zu beobachten. (Nicht zuletzt in den Tweets eines gewissen Herrn im Weißen Haus.) Beleidigungen gehören hier zum Alltag.

Auf der anderen Seite gibt es aber auch eine große Bereitschaft, schnell beleidigt zu sein, eine hohe Empfindlichkeit, nicht zuletzt in der Sprache. Menschen fühlen sich sofort verletzt, das Sprechen miteinander wird zur Gratwanderung.[30]

Der innere Mensch wird „von Tag zu Tag erneuert". Wir spüren es an der Fähigkeit, uns etwas zuzumuten. An der Fähigkeit, Lasten zu tragen und Schwierigkeiten offen ins Auge zu sehen. Diese Widerstandsfähigkeit ist ein Zeichen der Hoffnung, die uns der Heilige Geist schenkt.

Einer Hoffnung, um die wir bitten dürfen, wenn sie uns fehlt.

Einer Hoffnung, die uns manchmal sogar jubilieren lässt, weil sie gewiss macht:

Wir schaffen das!

Wir werden den Herausforderungen des Lebens gewachsen sein, gemeinsam gewachsen sein, in der Solidarität, in der Liebe, mit der Christus uns untereinander verbindet.

Natürlich ist diese Hoffnung nicht immer einfach so da. Sie bleibt etwas unsichtbares, wir können sie nicht vorzeigen wie irgendein Ding. Und doch sie sich immer in der Haltung und in den Worten von Menschen.

Zum Beispiel in diesen Worten Dietrich Bonhoeffers aus dem Jahr 1943:

Ich glaube,
dass Gott aus allem, auch aus dem Bösesten,
Gutes entstehen lassen kann und will.
Dafür braucht er Menschen,
die sich alle Dinge zum Besten dienen lassen.
Ich glaube, dass Gott uns in jeder Notlage

soviel Widerstandskraft geben will,
wie wir brauchen.
Aber er gibt sie nicht im Voraus,
damit wir uns nicht auf uns selbst,
sondern allein auf ihn verlassen.
In solchem Glauben müsste alle Angst
vor der Zukunft überwunden sein.
Ich glaube, dass Gott kein zeitloses Fatum
(Schicksal) ist, sondern dass er auf aufrichtige
Gebete und verantwortliche Taten wartet und
antwortet.

Amen.

06.05.2018 – Rogate
Kol 4,2-4

Liebe Gemeinde!
Wie heißt das Zauberwort? So fragen wir gelegentlich unsere Kinder oder Enkel.

Kinder erziehen wir dazu, Bitte und Danke zu sagen. Das sind elementare Formen der Höflichkeit, die den Umgang miteinander erleichtern.

Solche Umgangsformen unterliegen bekanntlich gewissen Konjunkturschwankungen. Mal werden sie hochgeschätzt und in immer neuen Fassungen des Knigge unters Volk gebracht. Dann wieder werden sie als „Sekundärtugenden" geschmäht, die der freien Entfaltung des Einzelnen allzu enge Fesseln anlegen. Immer aber sind sie irgendwie Thema. Warum ist das so?

Ich glaube, weil es bei diesen Formen eben nicht nur um etwas Oberflächliches geht, um bloße Höflichkeit, sondern weil sich auf dieser Oberfläche in Wahrheit etwas viel Tieferes verbirgt. Es geht beim Bitte und Danke sagen darum, wie wir unser Leben verstehen.

Darum ist das nicht nur ein Thema für Kinder. Es ist ja ohnehin bemerkenswert, wie oft Erwachsene, nachdem sie ihren Kindern das Bitte-Sagen beigebracht haben, danach streben, es selbst nicht mehr sagen zu müssen. In der Welt der Erwachsenen gilt es als erstrebenswert, in Positionen zu kommen, wo man nicht mehr bitten muss, sondern befehlen kann. In bestimmten Zusammenhängen ist das ja auch ganz sinnvoll. Wenn ich im Flugzeug sitze, bin ich ganz froh, dass es in kritischen Situationen einen oder eine im Cockpit gibt, die Befehlsgewalt hat. Manchmal muss es schnell gehen und dann würde die Einsetzung einer Arbeitsgruppe unter Umständen Leben kosten. Doch als Lebensmodell eignet sich eine solche Befehlskette nicht. Befehl und Gehorsam sind nur an wenigen Orten und zu wenigen Zeiten wirklich die beste Lösung für unser Miteinander.[31]

Als Grundhaltung im Leben eignen sie sich jedenfalls nicht. Um unsere Grundhaltung geht es aber im Predigttext für den heutigen Sonntag Rogate. Ich lese aus dem Kolosserbrief im vierten Kapitel, die Verse zwei bis vier.

Dort heißt es:

2 Seid beharrlich im Gebet und wacht in ihm mit Danksagung! 3 Betet zugleich auch für uns, auf dass Gott uns eine Tür für das Wort auftue und wir vom Geheimnis Christi reden können, um dessentwillen ich auch in Fesseln bin, 4 auf dass ich es so offenbar mache, wie ich es soll. (Lutherbibel 2017)

Paulus ermutigt uns zum Beten. Vordergründig betrachtet, klingt das zunächst einmal sehr fromm. Wenn wir beharrliches Beten mit pausenlosem Beten gleichsetzen, dann scheint das nur etwas für religiöse Experten zu sein, zum Beispiel für Menschen im Kloster. Doch Beharrlichkeit kann sich auch anders zeigen. Beharrlichkeit ist ja eine Haltung. Wir bleiben in einer bestimmten Haltung dem Leben gegenüber. Wir bleiben in der Haltung desjenigen, der Bitte und Danke sagt.

Dass morgens die Sonne aufgeht, nehmen wir als selbstverständlich hin. Wir haben uns daran gewöhnt, dass es so ist. Wir könnten es aber auch zum Anlass nehmen, Gott dafür zu danken. „Wär er nicht erstanden, so wär die Welt vergangen", heißt es im Osterlied (EG 99). Dass die Welt nicht vergangen ist und sich bis heute weiter dreht, ist so gesehen schon Mal ein gutes Zeichen und darum haben wir zu recht heute Morgen gesungen: „Wir danken dir, Herr Jesu Christ, dass du vom Tod erstanden bist." (EG 107) Wir sehen es ja daran, dass die Sonne scheint und wir hier sind.

In diesem österlichen Licht sehen wir auf einmal sehr viele Dinge, für die wir dankbar sein können. Unsere amerikanischen Schwestern und Brüder haben dafür schon im 19. Jahrhundert eine Formel geprägt:

Count your blessings,
Zähle auf, wo du gesegnet wurdest,
Name them one by one;

Nenne es beim Namen;
Count your blessings,
Zähle auf, wo du gesegnet wurdest,
See what God hath done.[32]
Schau, was Gott dir Gutes getan hat.

Natürlich, es gibt auch all' die anderen Dinge, die uns belasten und beschweren. Alles das, was nicht mehr oder noch nicht gut ist. Auch das hat seinen Ort, auch das dürfen wir sagen. Es geht nicht um „positives Denken", nicht darum, die Welt durch eine rosarote Brille zu sehen. Es geht einfach darum, das Gute, das uns geschieht, nicht nur stumm hinzunehmen, sondern es zu sehen und dafür zu danken.

Wer dankt, der verdoppelt sein Glück.

Im Benennen und Aussprechen wird bewusst, wird groß und schwer, was uns geschenkt wurde.

Die Taufe eines Kindes, die Taufe von Henry, ist so ein elementarer Akt des Dankes und der Bitte. Dass ein Kind geboren wird, ist ein Wunder vor unseren Augen. Hier geschieht etwas im wahrsten Sinne des Wortes alltäglich, Tag für Tag, was eben doch überhaupt nicht selbstverständlich ist. Dieses alltägliche Wunder zu sehen, dafür zu danken, das ist Beharrlichkeit im Gebet.

Beharrlichkeit im Danken, aber natürlich auch im Bitten. Die Taufpaten von Henry haben eben um Gesundheit und Liebe gebeten, um Hoffnung und die Chance zu immer neuen Anfängen.

Das sind alles Dinge, die nicht in unserer Hand liegen, die wir nur als Geschenk empfangen können.

Im Blick auf die Kinder in ihrer Verletzlichkeit steht uns deutlich vor Augen, wie abhängig wir sind, wie angewiesen auf Schutz und Segen.

In der Erwachsenenwelt vergessen wir das oft und manchmal ist es uns sogar regelrecht peinlich. Viele Menschen kostet es Überwindung, ernsthaft um etwas zu bitten, weil sie in der Bitte erleben, dass sie etwas nicht in der Hand haben.

Wer bittet, der zeigt sich in seiner Verletzlichkeit, ja in seiner Ohnmacht.

Und genau darum liegt in der Bitte eine große Autorität. Es gibt Bitten, die kann man nicht abschlagen. Wenn uns jemand beispielsweise um Brot bittet, wie sollten wir da Nein sagen. Hier steht ja unmittelbar auf dem Spiel, wer wir sind.

Es gibt aber in der Tat Menschen, die kann man sich schlecht als Bittende und Dankende vorstellen. Die autoritären und bisweilen auch rüpelhaften Führer in Ost und West, die Mauern und Paläste bauen, die sich in Herrscherpose zeigen und sich an ihrer Macht berauschen, wie sollten die bitten und danken? An ihrem Bild nehmen viele sich heute wieder ein Beispiel. Das Autoritäre ist in.

Doch wir, liebe Schwestern und Brüder, lassen uns davon nicht täuschen. Wir wissen es besser. Wer bittet und dankt, der hat auch Macht, eine ganz andere Macht als die Befehlsgewalt der Herrscher.

Die Bibel ist voller Geschichten von Menschen, die mit dem Bitten viel erreicht haben.

Abraham verhandelte mit Gott. Wenn nur zehn Gerechte in Sodom sind, dann bleibt die Stadt verschont. Ja, sprach Gott, „ich will sie nicht verderben um der zehn willen." (Gen 18,32).

Jakob wollte unbedingt gesegnet werden. Nachdem er schon seinen Bruder um den Segen des Vaters betrogen hatte, prügelte er sich im Morgengrauen an der Furt des Jabbok mit einer namenlosen Gestalt um den Segen Gottes: „Ich lasse dich nicht, du segnest mich denn." (Gen 32,27)

Jesus verspricht uns: „Bittet, so werdet ihr empfangen." (Lk 16,24)

Liebe Schwestern und Brüder!
Lasst uns diese Geschichten fortsetzen mit unserem eigenen Leben, mit unserer Bitte und unserem Dank. Wir haben doch auch Dinge, die uns auf dem Herzen liegen, die uns beschweren oder erfreuen. Gutes, das schöner wird und schwerer wiegt, wenn wir es teilen; Schweres, das

leichter wird, wenn wir es aussprechen und gemeinsamen tragen.

Dazu gehört für mich auch die Sorge um die Zukunft unserer Kirche. Ich finde diese Sorge ja gar nicht so verkehrt. Sie ist in meinen Augen ein Ausdruck der Liebe. Was man liebt, darum sorgt man sich.

Doch diese Zukunft kommt nicht dadurch, dass wir die Kultur unseres Landes, die deutsche oder europäische Kultur, gegen die anderer Menschen verteidigen. Schon gar nicht dadurch, dass wir Kreuze neben Pförtnerlogen dübeln, wie unlängst in Bayern geschehen.

Bei allem, was wir zu recht tun für die Zukunft der Kirche, organisatorisch, finanziell, baulich und pädagogisch, bleibt doch eins zentral:

„Betet ... für uns, auf das Gott uns eine Tür für das Wort auftue und wir vom Geheimnis Christi reden können."

Amen.

20.05.2018 – Pfingstsonntag
1. Kor 2,12-16

Liebe Gemeinde!

Wo bekommen Sie eigentlich Ihre Geistesblitze?

Bei Martin Luther war es ja angeblich das stille Örtchen, wo er die reformatorische Erkenntnis hatte. Ein englischer Kognitionsforscher will herausgefunden haben, dass 72 Prozent der Menschen ihre kreativsten Ideen in der Dusche bekommen. Mir kommen die besten Ideen beim Spazierengehen. Andere berichten von Geistesblitzen im Schlaf, auf der Couch, im Garten oder beim Gassi gehen.

Alle diese Erfahrungen verbindet eins: Geistesblitze kommen in der Regel nicht bei großer Anstrengung. Gute Ideen sind oft nicht das Ergebnis zielgerichteter Tätigkeit, sondern sie kommen merkwürdig beiläufig.

Wir sagen ja auch: Mir ist etwas eingefallen. Von woher eigentlich?

Für Paulus stellt sich diese Frage auch und er hat auch eine Antwort.

Ich lese den Predigttext für den Pfingstsonntag aus dem Ersten Korintherbrief im zweiten Kapitel:

12 Wir aber haben nicht den Geist der Welt empfangen, sondern den Geist, der von Gott

kommt, damit wir verstehen, was uns von Gott geschenkt worden ist.

13 Und davon reden wir, nicht mit Worten, wie menschliche Weisheit sie lehrt, sondern mit Worten, wie der Geist sie lehrt, indem wir für Geistliches geistliche Bilder brauchen. 14 Der natürliche Mensch aber erfasst nicht, was aus dem Geist Gottes kommt, denn für ihn ist es Torheit; und er kann es nicht erkennen, weil es nur geistlich zu beurteilen ist. 15 Wer aber aus dem Geist lebt, beurteilt alles, er selbst aber wird von niemandem beurteilt. 16 Denn wer hätte die Gedanken des Herrn erkannt, dass er ihn unterwiese? Wir aber haben die Gedanken Christi. (Zürcher Bibel 2007)

Für Paulus hat die Quelle unserer Inspiration einen Namen: Es ist Geist von Gott, der uns inspiriert. Es sind die Gedanken Christi, die uns durch den Kopf gehen.

Kann man das eigentlich so sagen?

Wir setzten heute selbstverständlich voraus, dass wir Herr im Hause unserer eigenen Gedanken sind. Ich bin ich und du bist du. Die Gedanken sind frei, bleiben aber geheim. Du kannst den Menschen nur vor die Stirn schauen und nicht in den Kopf.

Für Paulus gilt das noch nicht in dieser strikten Form. In seinem Weltbild ist der Mensch ein offenes Haus, das von mehr als einer Person bewohnt werden kann.

Im Bild gesprochen: Bei Paulus ist der Mensch kein Single-Apartment, sondern eine Wohngemeinschaft.

In dieser Wohngemeinschaft gibt es auch Platz für den Geist Gottes. Wo dieser Geist einzieht, da geschieht etwas mit der ganzen Wohnung. Sie verändert ihren Charakter, sie wird aufgewertet, sie wird, mit den Worten des Paulus, zum „Tempel des heiligen Geistes" (1. Kor 6,19).

Heute, am Pfingstfest, feiern wir, dass dieser Geist in uns ist und in uns wirkt. Geist von Gott, „damit wir verstehen, was uns von Gott geschenkt worden ist".

Erinnern wir uns noch einmal an die Ostererzählungen der Evangelien. Zum Beispiel das Markusevangelium erzählt zunächst einmal gar nichts von österlicher Freude. Im Gegenteil! Die beiden Marias und Salome trafen den Engel im Grab, der ihnen sagte: „Er ist auferweckt worden, er ist nicht hier." (Mk 16,6) – „Da gingen sie hinaus und flohen vom Grab, denn sie waren starr vor Angst und Entsetzen." (Mk 16,8)

Es braucht offensichtlich Zeit, um zu verstehen, was an Ostern geschehen ist, was die Auferweckung Jesu von den Toten bedeutet, was sie mit uns macht, wie sie die Welt verändert. Es braucht mindestens jene 50 Tage, die zwischen

Ostern und Pfingsten vergehen. Zeit für einen Geistesblitz, der uns lehrt, „was uns von Gott geschenkt worden ist".

Nun ist es eines, nachzuzeichnen, was Paulus den Korinthern damals geschrieben hat, was er gemeint haben könnte. Etwas anderes ist es, sich seine Sätze anzueignen und für sich selbst nachzusprechen:

„Wir haben den Geist." – „Wir haben die Gedanken Christi."

Ich erlebe oft eine große Zurückhaltung unter uns Evangelischen, so von uns zu denken und zu reden. Eine Zurückhaltung, die im Einzelfall gut begründet sein mag. Manche von uns haben vielleicht schon Zeitgenossen kennengelernt, die sich im Besitz des Geistes wähnten und sich selbst darum für unfehlbar hielten. Menschen, die ihre eigenen Gewissheiten und Meinungen über die anderer stellten. Das kann sehr anstrengend sein und im Zweifelsfall auf den Geist gehen, auch auf den Geist Gottes, der dann nämlich nicht mehr spürbar ist, wo Rechthaberei um sich greift.

Doch über diese Einzelfälle hinaus, scheint mir, neigen wir in der evangelischen Kirche heute dazu, uns unablässig selbst zu prüfen und zu relativieren.[33] Dazu gehört auch die mittlerweile selbstverständliche und manchmal geradezu lustvolle Rede von der „Relevanzkrise" der Kirche.

Ja, es ist ja richtig, dass wir längst nicht mehr alle Menschen in unserer Gesellschaft erreichen. Die Volkskirche ist ein Traum aus vergangenen Tagen und viele Menschen leben heute prima ohne Gott. Da nützt es auch nichts, ihnen zu unterstellen, sie seien heimlich doch alle noch irgendwie religiös und wüssten es nur nicht.

So richtig das alles ist, heute, am Geburtstag der Kirche, dürfen wir uns wirklich freuen! Freuen wie ein Kind, das sich über ein großes Geschenk freut und dieses Geschenk auspackt, es von allen Seiten betrachtet, es ausprobiert, was man damit alles anstellen kann und bei jedem Spiel eine neue Facette an diesem Geschenk entdeckt.

Zum Beispiel entdeckt, dass die Gedanken Christi in uns Erkenntnis bewirken. Natürlich haben wir nicht mit der Taufe oder der Konfirmation automatisch die Weisheit mit Löffeln gefressen. Das bedeutet aber wiederum nicht, dass es gar keine Möglichkeit gäbe, im Verständnis des Evangeliums und seiner Bedeutung für uns zu wachsen.

Wir brauchen „geistliche Bilder" für Geistliches, schreibt Paulus. Schauen wir doch auf die virtuosesten Bildermacher, die unter uns leben, auf die Kinder. Sie malen ja nicht nur Bäume und Häuser, sondern sind auch Genies, wenn es um Bilder für Gott geht. Für sie ist Gott nicht fern, und die Geschichten von Jesus keine Geschichten aus längst vergangenen Tagen. Für sie ist alles heute, präsent, jetzt und hier.

„Jedes Tierlein hat sein Essen, jedes Blümlein trinkt von dir. Hast auch uns heut' nicht vergessen, guter Gott, wir danken dir."

Die Worte klingen kindlich, aber die Haltung ist geistlich: Jetzt und hier denkt Gott an uns und darum leben wir. Und wir leben nicht allein, sondern mit uns und neben uns leben Pflanzen und Tiere, eine ganze Welt, von der wir ein Teil sein dürfen.

Der Geist wirkt Erkenntnis in uns, zum Beispiel die Erkenntnis, dass wir ein Teil der Schöpfung sind. Keineswegs ihre Krone, aber doch kein ganz unwichtiger Teil der Schöpfung, denn wir haben wie keine anderes Lebewesen die Möglichkeit, umzukehren, Dinge anders und neu zu tun.

Das betrifft unseren Umgang mit der Schöpfung. Pessimisten meinen, der Zug für die nachhaltige Veränderung unseres Handelns sei eigentlich längst abgefahren. Klimapolitische Expertenrunden und Gipfeltreffen sind Routine, aber am Ende setzen sich doch ganz andere Interessen durch, bestimmen die privaten und politischen Entscheidungen. Irgendwann kommt der Tag X, wenn die Meere dann doch über die Deiche steigen und wir endlich klug werden.

Für mich ist diese apokalyptische Sicht der Dinge keine mögliche Lebenshaltung. Ich glaube an unsere Fähigkeit umzukehren, heute Dinge anders und neu zu tun, weil wir den Geist haben, weil die Gedanken Christi mit uns sind.

„Wer aber aus dem Geist lebt, beurteilt alles", schreibt Paulus. Das gilt für mich auch in politischen Fragen, erst recht in kirchlichen.

Wir sind heute ganz neu herausgefordert, zwischen Wahrheit und Lüge zu unterscheiden. Weltweit gibt es einen Trend, sich Fakten zurechtzubiegen, sie den eigenen Erzählungen anzupassen. Man könnte es „Das Pippilotta-Prinzip" nennen: Ich mach mir die Welt, wie sie mir gefällt. Und wer da nicht reinpasst – Klimaforscher, Flüchtlinge, kritische Journalisten –, der wird schlechtgemacht und mit Lügen denunziert. Wir, liebe Schwestern und Brüder, machen damit keine gemeinsame Sache, weil wir aus dem Geist leben.

Und darum suchen wir die Wahrheit. Die simple Wahrheit der Tatsachen, aber auch die tiefe Wahrheit Gottes. Wenn wir, jeder für sich und alle miteinander, auf diese Suche gehen, dann mache ich mir über unseren Weg als Kirche keine Sorgen. Die Welt braucht und sucht Menschen, die echt sind, die wahrhaftig sind, die verlässlich sind.

Das hat übrigens gar nicht so viel mit Arbeit und Anstrengung, dafür aber viel mit Inspiration. Gehen Sie also vielleicht mal wieder spazieren, ob mit oder ohne Hund, oder schlafen Sie endlich mal wieder richtig aus.

Ich wünsche Ihnen erhellende Geistesblitze und frohe Pfingsten!

Amen.

03.06.2018 – Erster Sonntag nach Trinitatis
Jer 23,16-29

Liebe Gemeinde!
Eine heiße Woche liegt hinter uns. Heiß und
gewittrig. Extreme Wetterlagen nehmen in unseren Breiten zu. Wenn die Wettervorhersage
Starkregen und Sturmböen ankündigt, dann
nehmen viele uns, ich auch, das inzwischen sehr
ernst und schützen sich davor. Das gehört mehr
und mehr zu unserem Alltag. So wie uns mehr
und mehr dämmert, dass diese Klimaverände-
rungen eine Folge unserer umweltpolitischen
Sünden sind.
Ein „schreckliches Ungewitter" sagt auch der
Prophet Jeremia den Gottlosen an. Ich lese den
Predigttext für den heutigen ersten Sonntag nach
Trinitatis aus dem Buch des Propheten Jeremia
im 16. Kapitel.

16 So spricht der HERR Zebaoth: Hört nicht
auf die Worte der Propheten, die euch weissagen!
Sie betrügen euch, sie verkünden euch Gesichte
aus ihrem Herzen und nicht aus dem Mund des
HERRN. 17 Sie sagen denen, die des HERRN
Wort verachten: Es wird euch wohlgehen –, und
allen, die im Starrsinn ihres Herzens wandeln,
sagen sie: Es wird kein Unheil über euch kommen. 18 Aber wer hat im Rat des HERRN gestanden, dass er sein Wort gesehen und gehört

hätte? Wer hat sein Wort vernommen und gehört? 19 Siehe, es wird ein Wetter des HERRN kommen voll Grimm und ein schreckliches Ungewitter auf den Kopf der Gottlosen niedergehen. 20 Und des HERRN Zorn wird nicht ablassen, bis er tue und ausrichte, was er im Sinn hat; zur letzten Zeit werdet ihr es klar erkennen. 21 Ich sandte die Propheten nicht, und doch laufen sie; ich redete nicht zu ihnen, und doch weissagen sie. 22 Denn wenn sie in meinem Rat gestanden hätten, so hätten sie meine Worte meinem Volk gepredigt, um es von seinem bösen Wandel und von seinem bösen Tun zu bekehren.

23 Bin ich nur ein Gott, der nahe ist, spricht der HERR, und nicht auch ein Gott, der ferne ist? 24 Meinst du, dass sich jemand so heimlich verbergen könne, dass ich ihn nicht sehe?, spricht der HERR. Bin ich es nicht, der Himmel und Erde erfüllt?, spricht der HERR.

25 Ich höre es wohl, was die Propheten reden, die Lüge weissagen in meinem Namen und sprechen: Mir hat geträumt, mir hat geträumt. 26 Wann wollen doch die Propheten aufhören, die Lüge weissagen und ihres Herzens Trug weissagen 27 und wollen, dass mein Volk meinen Namen vergesse über ihren Träumen, die einer dem andern erzählt, so wie ihre Väter meinen Namen vergaßen über dem Baal? 28 Ein Prophet, der Träume hat, der erzähle Träume; wer aber mein Wort hat, der predige mein Wort recht. Wie rei-

men sich Stroh und Weizen zusammen?, spricht der HERR. 29 Ist mein Wort nicht wie ein Feuer, spricht der HERR, und wie ein Hammer, der Felsen zerschmeißt?

Ein prophetisches Gewitter entlud sich am Donnerstag nach Pfingsten auch über dem Weißen Haus in Washington. Im Anschluss an einen Schweigemarsch wurde im Rahmen eines öffentlichen Gebets dem Weißen Haus ein christliches Bekenntnis übergeben. Sein Titel: „Reclaiming Jesus" – auf Deutsch: „Jesus zurückholen".

Zu den Initiatoren dieses „Glaubensbekenntnisses in krisenhafter Zeit" gehört der amerikanische Bischof Michael Curry aus Chicago, vielen von uns bekannt als der Prediger von Schloss Windsor, der dort am Samstag vor Pfingsten die beeindruckende Traupredigt für Prinz Harry und Meghan Markle hielt.

Worum geht es dabei?

Es geht um die Erfahrung, dass Jesus von der amerikanischen Politik unserer Tage entführt wurde. Es gibt kaum eine Rede des amerikanischen Präsidenten oder anderer politischer Führungspersönlichkeiten, die ohne die Wendung „Gott segne Amerika" auskommt. Das ist schon lange so. Doch seit anderthalb Jahren ist eine Regierung im Amt, deren Losung lautet: „America first." – „Amerika zuerst." Und dann kommt lange nichts. Die Kehrseite dieser Haltung ist der Hass, der geschürt wird, gegen andere Staaten, gegen Flüchtlinge, gegen Minderheiten. In diesem Zusammenhang sagt das „Gott segne Amerika" im Munde des Präsidenten scheinbar nichts anderes als „Amerika zuerst".

Gegen diese Vereinnahmung des Glaubens richtet sich das Bekenntnis verschiedener amerikanischer Kirchen. Wir müssen „Jesus zurückholen" aus dieser politischen Geiselhaft, um gemeinsam zu sagen, wofür er in Wahrheit steht und wofür nicht.

Diese Frage: „Wofür steht Jesus in Wahrheit und wofür nicht?", prägt die Struktur des Bekenntnisses. Sechs Mal wird Ja gesagt – dafür steht Jesus – und sechs Mal wird Nein gesagt – dafür steht Jesus nicht und deshalb sind auch wir dagegen![34]

Wir glauben, dass jeder Mensch nach Gottes Ebenbild geschaffen ist und darum lehnen wir Nationalismus und Rassismus ab.

Wir glauben, dass in Christus die Unterschiede von Rasse, Geschlecht und sozialer Schicht keine Rolle spielen, weil wir eins sind in ihm. Darum lehnen wir den Missbrauch und die Entwürdigung von Frauen ab.

Wir glauben, dass uns in den Armen und Fremden, in den Hungernden und Gefangenen Christus begegnet. Darum lehnen wir Fremdenfeindlichkeit und die Verfolgung von Flüchtlingen ab.

Wir glauben, dass Wahrheit der zentrale moralische Wert für unser persönliches und für unser öffentliches Leben ist. Darum lehnen wir das konsequente Lügen der höchsten politischen Führungspersönlichkeiten ab.

Wir glauben, dass der Weg Christi Dienst und nicht Herrschaft bedeutet. Darum lehnen wir alle autoritären politischen Tendenzen ab.

Wir glauben, dass Jesus uns zu allen Nationen sendet, damit wir sie in seine Nachfolge rufen. Darum ist „Amerika zuerst" eine Irrlehre, der Christen nicht folgen dürfen. Wir sind Patrioten, aber wir lehnen Fremdenfeindlichkeit und Nationalismus ab.

Liebe Gemeinde!

Ich bin tief beeindruckt von diesem Bekenntnis unserer amerikanischen Schwestern und Brüder. Es richtet den Blick darauf, dass die moralischen Grundlagen einer Kultur zerrüttet werden, wo von der politischen Führung systematisch gelogen und Hass geschürt wird. Die Grundlagen der Bürgergesellschaft, insbesondere die Bereitschaft, Verantwortung für das Gemeinwesen zu übernehmen, werden zerstört. Das betrifft dann früher oder später auch Familien und die Frage: Wie soll ich eigentlich meine Kinder zu moralischen

Menschen erziehen, wenn die Repräsentanten unserer Gesellschaft sich so anders verhalten.

Das betrifft aber nicht zuletzt auch die Kirche. Wenn die Kirche schweigt zur politischen und moralischen, zur ökologischen und sozialen Zerrüttung des Landes, dann macht sie sich mitschuldig an diesen Zuständen.

Und es gibt ja leider nicht nur das Schweigen der Kirche, sondern allzu oft auch ihre Komplizenschaft mit den Mächtigen. Die Wohlstandevangelisten und Fernsehprediger, die sagen: Wenn du reich bist, dann bist du bei Gott angesehen. Und unsere Führer sind doch Christen, die werden schon wissen, was gut für uns ist.

Gegen diese Komplizenschaft mit den Mächtigen wendete sich im Jahr 1934 die Theologische Erklärung der Bekenntnissynode von Barmen, als sie sagte: Die christliche Kirche ist die Gemeinschaft von Schwestern und Brüder, kein Anhängsel des Führerstaats.

Und schon der Prophet Jeremia warnte das Volk Israel vor den falschen Heilspropheten, die den Mächtigen nach dem Munde redeten und sagten: „Es wird euch wohlgehen" (Jer 23,17), aber das Unrecht benannten sie nicht mehr.

Und wir, liebe Schwestern und Brüder? Sind wir in guter Verfassung?

Ich erlebe in meiner evangelischen Kirche zurzeit viel Angst und große Sorge um ihren eigenen

Fortbestand. Wo bleiben wir in einer Gesellschaft, die sich so rasant verändert? Wo bleiben wir mit unseren Finanzen und Gebäuden? Wo bleiben unsere Mitglieder und wo die rettenden Ideen für die Zukunft?

Bei all' diesen drängenden Fragen liegt es nahe, es wie die falschen Propheten im Buch Jeremia zu machen und zu beschwichtigen: Das wird schon alles nicht so schlimm. Nichts wird so heiß gegessen wie gekocht. Für die Rheinländer: Et hätt' noch immer jot jejange.

Oder, alternativ zur Beschwichtigung, liegt es nahe, sich wie die falschen Propheten in Träume zu flüchten, Illusionen aufzubauen von einer Kirche der Zukunft, die viel schöner und größer ist als das, was wir heute haben. Verlockend ist die Vorstellung: Wenn wir erst einmal unsere Angebote optimal auf die Bedürfnisse unserer Mitglieder abgestimmt haben, dann brummt der Laden.

Liebe Gemeinde!

Ich glaube, derlei Vorstellungen sind bunte Seifenblasen.

Ich glaube, dass Lebenskraft für uns als Kirche wie für den Einzelnen ganz woanders herkommt. Nicht aus ausgedachten Bildern von der Zukunft, sondern aus dem Vertrauen in Gott.

Und wenn ich Vertrauen in Gott sage, dann meine ich etwas persönliches, das aber nicht privat ist, sondern öffentlich und gemeinschaftlich. Ich meine ein gemeinsames Hören auf das, was Gott uns sagt.

Ich bin überzeugt, dass Gott uns den Weg weist, den wir als Gemeinde gehen können. Dafür braucht er Menschen, die sich für sein Wort öffnen, die hören. Menschen, die sich für die Stille entscheiden. Dafür, dass ihre eigenen Meinungen und Urteile einmal Pause haben, damit etwas Neues von Gott kommen kann.

Wir brauchen neue Gedanken. Gedanken, die uns in die Nähe Gottes führen. Gedanken, die uns eine Ahnung geben von der Präsenz Christi in unserer Welt. Gedanken, die uns auf den Weg der Nachfolge führen.

„Ist mein Wort nicht wie ein Feuer, spricht der Herr, und wie ein Hammer, der Felsen zerschmeißt?" (Jer 23,29)

Wenn es so ist – und ich glaube, es ist so! –, dann müssen wir also gar nicht besonders fromm oder andächtig werden, um dieses Wort zu hören.

Denn es ist laut, kräftig und ausgesprochen zündfreudig.

Wir müssen einfach neu anfangen, mit diesem Wort umzugehen.

Neu anfangen damit, unsere Gedanken entzünden zu lassen, damit der Fels unserer Mutlosigkeit zerspringt und wir befreit auf unserm Weg voranschreiten können.

Wenn wir das tun, dann werden wir früher oder später an Meilensteine auf unserem Weg kommen, wo wir sagen: Hier müssen wir uns entscheiden, weil es so wie bisher nicht weitergeht.

Ich bin fest überzeugt, dass das Ende der Komfortzone in Kirche und Gesellschaft unmittelbar vor uns liegt. Sich zurücklehnen und sagen: Lass die da oben mal machen, die müssen sich um mich kümmern, das wird nicht mehr gehen.

Gott braucht Menschen, die sich alle Dinge zum Besten dienen lassen. Gott wartet auf aufrichtige Gebete und verantwortliche Taten, so hat Dietrich Bonhoeffer es einmal gesagt. Gott wartet auf unsere Herzen und unsere Hände. Er wartet darauf, dass wir mit ganzem Herzen Ja sagen zu Dingen, die wir als richtig erkannt haben, und dann logischerweise auch ganz Nein sagen zum Gegenteil dessen.

So entsteht dann auch wahre Gemeinschaft in der Kirche, die mehr ist als bloße Geselligkeit. Eine Gemeinschaft, in der wir wirklich gemeinsame Ziele haben und verfolgen.

Liebe Gemeinde!

Es bleibt vorerst heiß und gewittrig. Immer Sonnenschein und blauen Himmel kann ich nicht versprechen. Aber ich bin sicher, dass uns Kraft zuströmt mit jedem Schritt, den wir gehen, mit jeder Entscheidung, die wir im Hören und Glauben treffen.

Vielleicht wäre das ein Anfang: Überlegen Sie doch mal in dieser Woche, woran Sie mit ganzem Herzen glauben, wozu Sie Ja sagen können, was Ihnen wichtig ist. Und wenn Sie das haben, dann wissen Sie auch wozu Sie Nein sagen, was Sie nicht mehr wollen.

Und dann suchen Sie sich einen Menschen, mit dem Sie darüber sprechen.

Und dann werden Sie erfahren, welche Kraft in der Klärung liegt, im Ja und Nein sagen, im Bekenntnis.

Es ist die Kraft dessen, der gesagt hat:

„Wo zwei oder drei versammelt sind in meinem Namen, da bin ich mitten unter ihnen." (Mt 18,20)

Amen.

10.06.2018 – Zweiter Sonntag nach Trinitatis
1 Kor 14,1-3.20-25

Liebe Gemeinde!

Heute besonders: Liebe Konfirmandinnen und Konfirmanden!

Wir freuen uns, dass Ihr hier seid.

Ihr habt gesagt: Ja, wir wollen konfirmiert werden. Wir wollen bei der Konfirmandenarbeit mitmachen.

Wir, Eure Kirchengemeinde, wissen das sehr zu schätzen!

Denn immerhin habt Ihr mit Eurer Anmeldung zugestimmt: Ja, wir gehen dienstags oder freitags zur Konfirmandenarbeit und geben dafür 90 Minuten unserer Freizeit her. Und weil Eure Freizeit immer zu knapp ist, freuen wir uns sehr, dass Ihr mitmacht.

Am Anfang der Konfirmandenzeit wird Euch vieles neu vorkommen, manches vielleicht auch merkwürdig. Schon alleine so ein Gottesdienst wie heute bringt viel Ungewohntes mit sich. Ich habe mich gefragt: Ist das eigentlich immer schon so gewesen, oder ist das nur unser Problem heute?

In einem sehr alten Brief habe ich einen Hinweis gefunden. Der Briefschreiber heißt Paulus. Er schrieb den Brief vor fast 2000 Jahren an die christliche Gemeinde in Korinth, die er selbst gegründet hatte.

Ich lese einige Verse aus dem Brief vor. Sie stehen auch im Gottesdienstprogramm.

1 Bleibt unbeirrt auf dem Weg der Liebe! Strebt nach den Gaben,
die der Heilige Geist verleiht – vor allem aber danach, als Prophet zu reden. 2 Wer in fremden Sprachen redet, spricht nicht zu den Menschen, sondern zu Gott. Denn niemand versteht ihn. Was er unter dem Einfluss des Geistes sagt, bleibt vielmehr ein Geheimnis. 3 Wer dagegen als Prophet redet, spricht zu den Menschen. Er baut die Gemeinde auf, ermutigt sie und tröstet sie.

20 Brüder und Schwestern, seid doch nicht unmündig wie Kinder, wenn es ans Denken geht. Wenn es dagegen um die Bosheit geht, sollt ihr wie Kleinkinder sein. Aber beim Denken sollt ihr euch als mündige Erwachsene erweisen. 21 Im Gesetz heißt es: »So spricht der Herr: In fremden Sprachen und durch fremde Lippen will ich zu diesem Volk reden. Aber auch dann werden sie nicht auf mich hören.« 22 Das Reden in fremden Sprachen ist also ein Zeichen – aber nicht für die, die zum Glauben gekommen sind, sondern für die Ungläubigen. Bei der prophetischen Rede ist es umgekehrt: Sie ist nicht für die Ungläubigen bestimmt, sondern für die, die zum Glauben gekommen sind. 23 Stellt euch vor: Die Gemeinde kommt zusammen und alle reden in fremden Sprachen. Wenn jetzt Unkundige oder Ungläubi-

ge hereinkommen, werden sie euch wohl für verrückt halten. 24 Stellt euch aber umgekehrt vor: Alle reden als Propheten. Wenn jetzt ein Ungläubiger oder Unkundiger hereinkommt, wird er sich von allen zur Rechenschaft gezogen sehen. Er weiß sich von allen geprüft. 25 Das, was in seinem Herzen verborgen ist, kommt ans Licht. Er wird sich niederwerfen, Gott anbeten und bekennen: »Tatsächlich, Gott ist mitten unter euch!« (Basis-Bibel 2010)

Hm, wenn ich Paulus richtig verstehe, dann scheinen die Gottesdienste und Versammlungen der christlichen Gemeinde damals, vor fast 2000 Jahren, auch nicht sofort für jeden verständlich gewesen zu sein.

„Wenn Unkundige hereinkommen, werden sie euch wohl für verrückt halten", schrieb Paulus der Gemeinde. Das klingt ziemlich kritisch, finde ich. Paulus war unzufrieden mit den Korinthern. In der Gemeinde vertrat eine Gruppe von Menschen die Meinung: Wenn wir Gott loben, dann tun wir das mit Worten, die aus unserem Herzen kommen und aus unserem Mund fließen. Und dann ist uns egal, ob irgendjemand außer uns das versteht. Paulus meinte: Denkt bitte auch an die anderen. Denkt an die Neuen, an Menschen, die zum ersten Mal zu euch kommen, an Fremde. Die sollen auch verstehen, worum es euch geht.

Gebt euch also bitte Mühe, euch verständlich auszudrücken.

Ich finde, das ist ein ziemlich kluger Tipp, den Paulus damals der Gemeinde in Korinth gegeben hat. Und ich finde auch, wir sollten diesen Tipp heute noch ernstnehmen. Denn es geht um etwas Wichtiges in der Kirche. Etwas, das alle Menschen verstehen sollen.

Die meisten von Euch Konfirmandinnen und Konfirmanden sind als kleine Kinder getauft worden. Damals haben Eure Eltern gesagt: Wir entscheiden, dass unsere Kinder als Christin oder Christ leben sollen. Oder zumindest, dass Ihr durch die Taufe mit der Kirche und dem christlichen Glauben in Kontakt kommt, dass Ihr später einmal selbst entscheiden könnt: Ja, ich möchte als Christ leben. Oder nein, das ist nichts für mich. In vielen Fällen, vielleicht sogar meistens, spielt die Hoffnung der Eltern eine Rolle: Ja, wir möchten eigentlich schon, dass unsere Kinder den christlichen Glauben für sich entdecken, weil er uns selbst wichtig ist und im Leben hilft. Das ist ganz normal so, denn man kann nur das weitergeben, wovon man auch selbst überzeugt ist.
Und ich gebe zu: Auch wir als Kirchengemeinde hoffen, dass Ihr im Laufe dieses Konfirmandenjahrs an den Punkt kommt, wo Ihr sagt:

Ja, Christsein ist gut. Ich möchte diesen Weg gehen.

Eine Sache ist dabei aber ganz wichtig!

Es geht darum, dass Ihr selbst in der Lage seid zu entscheiden, was Ihr glaubt und was nicht. Wir machen in der Konfirmandenarbeit Vorschläge und sagen zum Beispiel: Ich glaube, dass jeder Mensch ein Geschöpf Gottes ist und darum sollten wir einander respektieren und helfen. Und ich glaube, dass Jesus uns heute noch begegnet, zum Beispiel in den Menschen, die unsere Hilfe brauchen.

Mit diesen Vorschlägen und Erfahrungen machen wir uns dann gemeinsam auf den Weg und überlegen miteinander, was glaubwürdig ist. Es geht nicht darum, dass Ihr alte Formeln nachbetet. Manche von den alten Formeln sind es wert, sie zu kennen, aber vor allem geht es darum, dass Ihr eine eigene Sprache für das findet, was Ihr glaubt.

„Beim Denken sollt ihr euch als mündige Erwachsene erweisen", schreibt Paulus und genau das ist das Ziel. Wir wollen euch also weder dazu auffordern, den Verstand an der Garderobe abzugeben, noch zur Leichtgläubigkeit erziehen. Ihr sollt mündige Erwachsene werden. Menschen, die Bescheid wissen und selbständig sind.

Übrigens: Ich bin überzeugt, dass diese Erziehung zur Mündigkeit im Glauben auch die Mündigkeit in anderen Bereichen des Lebens unterstützt. Es geht nicht darum, dass wir hier in der Kirche eine religiöse Spielwiese pflegen, die mit allen anderen Bereichen des Lebens nichts zu tun hätte.

Ganz im Gegenteil!

Wer sich kritisch mit dem eigenen Glauben auseinandersetzt, wer zu unterscheiden lernt, was glaubwürdig ist und was nicht, der lernt auch sonst fürs Leben viel.

Paulus schrieb an die Christen in Korinth, sie sollten „als Popheten" reden.

Das klingt jetzt schon wieder ein bisschen verrückt. Aber ein Prophet ist etwas sehr Vernünftiges. Denn ein Prophet kann zwischen Wahrheit und Lüge unterscheiden. Es geht also nicht darum, irgendwelche Weissagungen zu treffen über die Zukunft. Es geht darum, dass wir ein Gespür dafür entwickeln, was Wahrheit und Lüge ist, was richtig und falsch ist.

Und heute wird ja so manches getwittert.

Und viele Menschen glauben das dann auch.

Aber wir, liebe Schwestern und Brüder, wir glauben an den Geist Gottes.

Und der macht schlau.

Der Geist Gottes hilft uns zu unterscheiden zwischen Wahrheit und Lüge.

Und das geschieht vor allem dort, wo wir auf Gottes Wort hören und uns miteinander verständigen, was uns das wohl zu sagen hat.

Dabei habe ich immer wieder eine Erfahrung gemacht, die ich Euch, liebe Konfirmandinnen und Konfirmanden, auch wünsche!

Im Hören auf Gott und im Gespräch miteinander liegt die Chance, auch etwas über sich selbst zu erfahren.

Was in unserem „Herzen verborgen ist, kommt ans Licht", schreibt Paulus. Damit ist gemeint: Wir verstehen besser, wer wir sind, was wir brauchen und wohin wir wollen mit unserem Leben.

Und wenn das geschieht, dann ist das gut und ein Geschenk Gottes.

Ich wünsche Euch, dass Ihr solche Momente erlebt in diesem kommenden Jahr.

Eins ist sicher: Es werden nicht alle Fragen beantwortet in der Konfirmandenzeit. Das wär' ja auch zu schön. Vermutlich ist es so, dass mit jeder beantworteten Frage fünf neue auftauchen. Und diese neuen Fragen werden wir dann miteinander begrüßen, denn sie sind immer ein Gewinn.

Eins aber versteht man, auch wenn es noch viele offene Fragen gibt:

Menschen, gerade auch Jugendliche, haben ein Gespür dafür, ob sie willkommen sind und ob es

Zusammenhalt gibt zwischen den Menschen. Denn das verstehen wir mit dem Herzen.

In diesem Sinne, liebe Gemeinde: „Bleibt unbeirrt auf dem Weg der Liebe!"

Amen.

23.09.2018 – 17. Sonntag nach Trinitatis
Jes 49,1-6

Liebe Gemeinde!
Heute geht es um eine Lichtgestalt.
Wenn man an eine Lichtgestalt denkt, hat man das Bild einer Person vor Augen, die in der Dunkelheit strahlt wie eine Sonne. Sie scheint nur aus Licht zu bestehen, so dass man ihre äußeren Formen, ihre eigentliche Gestalt, kaum noch wahrnimmt. Eine Lichtgestalt strahlt natürlich nur im übertragenen Sinne. Mit der Bezeichnung ist eine Person gemeint, die angesehen wird und vielen Menschen ein Vorbild ist. Eine Lichtgestalt „erleuchtet" den Raum mit ihrer Intelligenz, ihrem Aussehen oder ihrem Charme. Mit ihrer Ausstrahlung erfasst sie alle, die sich in ihrer Nähe befinden. Als Reaktion auf eine Lichtgestalt hört man Ausrufe wie: „Lady Gaga ist eine Lichtgestalt des Pop!" oder „Unsere Chefin ist die Lichtgestalt unserer Branche!" Eine Lichtgestalt hat auch immer etwas Überirdisches. Viele Gemälde zeigen Jesus als Lichtgestalt, die von Strahlen umgeben ist.
Der Prophet Jesaja gibt die Worte einer solchen Lichtgestalt wieder. Ich lese aus Jes 49,1-6:

1 Hört mir zu, ihr Inseln, und ihr Völker in der Ferne, merkt auf! Der HERR hat mich berufen von Mutterleibe an; er hat meines Namens ge-

dacht, als ich noch im Schoß der Mutter war. 2 Er hat meinen Mund wie ein scharfes Schwert gemacht, mit dem Schatten seiner Hand hat er mich bedeckt. Er hat mich zum spitzen Pfeil gemacht und mich in seinem Köcher verwahrt. 3 Und er sprach zu mir: Du bist mein Knecht, Israel, durch den ich mich verherrlichen will. 4 Ich aber dachte, ich arbeitete vergeblich und verzehrte meine Kraft umsonst und unnütz. Doch mein Recht ist bei dem HERRN und mein Lohn bei meinem Gott.

5 Und nun spricht der HERR, der mich von Mutterleib an zu seinem Knecht bereitet hat, dass ich Jakob zu ihm zurückbringen soll und Israel zu ihm gesammelt werde – und ich bin vor dem HERRN wert geachtet und mein Gott ist meine Stärke –, 6 er spricht: Es ist zu wenig, dass du mein Knecht bist, die Stämme Jakobs aufzurichten und die Zerstreuten Israels wiederzubringen, sondern ich habe dich auch zum Licht der Völker gemacht, dass mein Heil reiche bis an die Enden der Erde.

Wir haben keinen Namen von dem, der hier zu uns spricht. Im Buch Jesaja wird er einfach der „Gottesknecht" genannt. Wir könnten auch einfach sagen der Diener Gottes.

Was sagt der Gottesknecht?

Zunächst einmal fordert er Aufmerksamkeit ein.

„Hört mir zu!"

So spricht einer, der etwas wirklich Wichtiges zu sagen hat, und zwar nicht nur einigen wenigen, sondern vielen Menschen, ja sogar allen Menschen, auch denen auf den entlegenen Inseln irgendwo im Meer und denen, die weit weg wohnen.

Alle sollen es hören!

Und dann stellt der Gottesknecht sich vor. „Der Herr hat mich berufen von Mutterleibe an; er hat meines Namens gedacht, als ich noch im Schoß der Mutter war." (Jes 49,1) Seine Aufgabe als Diener Gottes stand fest, bevor er geboren wurde: Er sollte Gottes Volk Israel sammeln und zu Gott zurückbringen.

Keine leichte Aufgabe!

Wer jemals versucht hat, Menschen zu etwas zu bewegen, möglicherweise sogar dazu zu bewegen, ihr Leben zu ändern, der weiß, wie schwierig das ist.

Dem Gottesknecht erging es auch so. Er berichtet: „Ich aber dachte, ich arbeitete vergeblich und verzehrte meine Kraft umsonst und unnütz." (Jes 49,4)

Doch Gott sieht dies offensichtlich anders, denn er beauftragt den Gottesknecht erneut. Und der neue Auftrag ist sogar noch umfassender als der alte, denn er soll nicht nur das Volk Israel sammeln und zu Gott führen, sondern alle Menschen. Nicht weniger als das ist gemeint mit dem

Auftrag Gottes: „Ich habe dich [meinen Diener] zum Licht der Völker gemacht, dass mein Heil reiche bis an die Enden der Erde." (Jes 49,6)

Da haben wir also unsere Lichtgestalt. Ein Mensch, dessen Ausstrahlung und Wirkung die anderen zu Gott führt. Weil Gott dies so will und wirkt!

Nun sind wir jahreszeitlich gerade irgendwo auf halber Strecke zwischen Spätsommer und Frühherbst. Trotzdem denken Sie vielleicht bei Lichtgestalt und Gott schon in Richtung Advent. Und wenn das so wäre, dann hätten Sie damit Recht.

Die Christen haben von Anfang an bei diesem Gottesknecht an Jesus gedacht. An die Lichtgestalt, die alle Menschen zu Gott führen will. Und tatsächlich führt eine Leuchtspur von hier nach dort, vom Gottesknecht zum Gottessohn.

Trotzdem ist es gut, an dieser Stelle nicht zu schnell und ausschließlich über Jesus zu reden.

In der Vergangenheit hat man nämlich in der Kirche dem Alten Testament immer wieder unterstellt, ihm ginge es ausschließlich nur um Israel und seinen Gott, es sei Ausdruck einer Nationalreligion und darum eigentlich für die christliche Kirche uninteressant.

Vom Propheten Jesaja können wir lernen, dass dies nicht stimmt. Es ist ja gerade das Alte Testament, das uns Gottes Entscheidung bezeugt:

„Mein Heil reiche bis an die Enden der Erde."
(Jes 49,6)

Alle Menschen sollen die Erfahrung machen: Der Herr, der Gott Israels, ist unser Gott und wir sind seine Geschöpfe.

Jesus selbst musste dies erst lernen, dass Gottes Heil nicht nur Israel gilt, sondern allen Menschen. Das Evangelium, das wir eben gehört haben, erzählt davon, wie Jesus dies lernte.

Eine kanaanäische Frau, also eine Nichtjüdin, kam zu Jesus und bat ihn um die Heilung ihrer Tochter. Er aber ignorierte sie zunächst und wies sie dann sogar zurück: „Ich bin nur gesandt zu den verlorenen Schafen des Hauses Israel." (Mt 15,24) Ich bin nicht zuständig für dich, geh weg.

Doch hatte Jesus die Rechnung ohne die Hartnäckigkeit einer Mutter gemacht, die um ihre Tochter kämpft. Sie fiel vor ihm nieder und ließ sich nicht abwimmeln. Ja, du magst nur für Israel zuständig sein und doch strahlt dein Licht darüber hinaus und ich will, dass meine Tochter gesund wird.

„Da antwortete Jesus und sprach zu ihr: Frau, dein Glaube ist groß. Dir geschehe, wie du willst! Und ihre Tochter wurde gesund zu derselben Stunde." (Mt 15,28)

Noch einmal: Jesus selbst lernte erst durch die Begegnung mit dieser Frau, dass Gottes Heil allen Menschen gilt. Entscheidend ist also nicht die

Zugehörigkeit zu einer bestimmten Gruppe oder Religionsgemeinschaft, sondern entscheidend für die Hilfe ist alleine eins: die Not und die Hilfe in der Not.

Jesus heilte die Tochter der kanaanäischen Frau, weil sie Hilfe brauchte. Ihre Not bewegte ihn, sie zu heilen, nichts sonst.

Liebe Gemeinde!

Die Not auf der Welt ist groß. Und weil das so ist, suchen wir immer wieder Gründe, weshalb wir nicht zuständig sind für die Hilfe.

Menschen aus Afrika suchen Hilfe und ein besseres Leben bei uns. Wir sagen ihnen: Leider seid ihr keine Europäer, darum können wir nichts für euch tun. Wir wollen unser sauer verdientes Brot lieber selbst essen.

Natürlich: Wir müssen schauen, wie das alles organisiert werden kann mit den Menschen, die auch in Europa leben wollen, wie wir ihnen helfen und ihnen ein Ankommen bei uns ermöglichen können. Wir brauchen auch Zeit, um diese Aufgabe als unsere Aufgabe zu verstehen und unsere Abwehrreflexe abzulegen. Das geht nicht von heute auf morgen.

Doch wir sollten auf dem Weg bleiben, den Jesus uns vorangeht: Wer Not leidet, der braucht Hilfe. Und dann ist es zweitrangig, woher dieser Mensch kommt.

Wie können wir helfen?

Ich glaube, es sind verschiedene Dinge, die helfen.

„Ich habe dich zum Licht der Völker gemacht, dass mein Heil reiche bis an die Enden der Erde", spricht Gott zu seinem Diener.

Wenn in der Bibel von Heil die Rede ist, dann ist immer auch Heilung gemeint, nicht nur Seelenheil, sondern Heil für den ganzen Menschen an Leib, Seele und Geist.

Das erste und wichtigste ist, dass wir nach diesem Heil suchen. Dass wir nach dem Licht streben, das uns von Gott her aufleuchtet. Wir brauchen keine Angst davon zu haben, dass uns dieses Licht in den Schatten stellt. Im Gegenteil: Wir werden selbst zu Lichtgestalten, wenn wir uns in den Lichtkegel Gottes begeben.

So wie die Frau, von der Jesus sagte: „Dein Glaube ist groß." Sie leuchtet als Vorbild des Vertrauens und auch der Hartnäckigkeit. Eine Frau, die sich nicht abgefunden hat mit dem Leiden und der Finsternis, die gesagt hat:

Ich will, dass es besser wird. Bitte hilf mir!

Wer so selbst Hilfe erfährt, der wird früher oder später auch anderen zur Hilfe und gemeinsam werden wir dann zum Licht für diese Welt, zur Stadt auf dem Berg (Mt 5,14), die leuchtet in dieser Welt.

Amen.

21.10.2018 – 21. Sonntag nach Trinitatis
Jer 29,1.4-7.10-14

Liebe Gemeinde!
Was bedeutet eigentlich Heimat?
Wenn wir uns an einer bekannten Fachzeitschrift für das Leben zu Hause orientieren, dann ist Heimat die gelungene Mischung aus stimmungsvollen Wohnaccessoires und herzhaften Gerichten. Warme Naturfarben und das beste Flammkuchen-Rezept plus stilvolle Kerzen und kuschelige Decken gleich Heimat. Im Dänischen gibt es dafür sogar ein eigenes Wort: Hygge!. So heißt Gemütlichkeit in Dänemark. Und die halbe Welt will von den Dänen lernen, wie man es sich drinnen nett macht, wenn es draußen ungemütlicher wird.[35] Und ungemütlicher wird es, nicht nur jahreszeitlich, sondern auch politisch und sozial. Die Zahl der Menschen weltweit, die auf der Suche nach Heimat sind, ist groß. Groß ist auch die Zahl derjenigen, die davon nichts mehr wissen wollen und Heimat als Exklusivrecht verstehen. Unsere Heimat gehört uns und nicht den anderen, sagen diejenigen, die gegen Flüchtlinge sind und gegen alles Fremde kämpfen. Mit dem Wort „Heimat" verbinde ich darum zurzeit zwiespältige Gefühle. Es ist ein kontaminiertes Wort. Kontaminiert mit dem Hass derjenigen, die sich darunter nur etwas vorstellen können oder wollen, was gegen andere definiert wird. Gegen Men-

schen, die anders aussehen oder sprechen. Gegen Menschen, die nicht schon immer hier gelebt haben, sondern dazugekommen sind. Gegen Menschen, die angeblich weniger wert sind, weil sie andere Werte haben.[36]

Was sollen wir also tun? Das Wort „Heimat" dem Hass überlassen? Oder den Magazinen für das gute Leben zu Hause?

Ich denke, wir sollten uns fragen: Was verbinde ich eigentlich mit Heimat? Und zwar jenseits von Gemütlichkeitsklischees und Fremdenhass. Denn die Frage nach der Heimat ist zentral für unsere Lebensmöglichkeiten und unsere Lebensgestaltung. Heimat ist für mich dort, wo ich mich geborgen fühle, wo mir mein Leben vertraut vorkommt, wo es sich entfalten kann.

Darauf weist uns auch der Predigttext für den heutigen Sonntag hin. Er steht im Buch des Propheten Jeremia. Ich lese aus dem Kap. 29 die Verse 1.4-7.10-14.

1 Dies sind die Worte des Briefes, den der Prophet Jeremia von Jerusalem sandte an den Rest der Ältesten, die weggeführt waren, an die Priester und Propheten und an das ganze Volk, das Nebukadnezar von Jerusalem nach Babel weggeführt hatte

4 So spricht der HERR Zebaoth, der Gott Israels, zu allen Weggeführten, die ich von Jerusalem nach Babel habe wegführen lassen: 5 Baut Häuser und wohnt darin; pflanzt Gärten und esst ihre Früchte; 6 nehmt euch Frauen und zeugt Söhne und Töchter, nehmt für eure Söhne Frauen und gebt eure Töchter Männern, dass sie Söhne und Töchter gebären; mehrt euch dort, dass ihr nicht weniger werdet. 7 Suchet der Stadt Bestes, dahin ich euch habe wegführen lassen, und betet für sie zum HERRN; denn wenn's ihr wohlgeht, so geht's euch auch wohl.

10 Denn so spricht der HERR: Wenn für Babel siebzig Jahre voll sind, so will ich euch heimsuchen und will mein gnädiges Wort an euch erfüllen, dass ich euch wieder an diesen Ort bringe. 11 Denn ich weiß wohl, was ich für Gedanken über euch habe, spricht der HERR: Gedanken des Friedens und nicht des Leides, dass ich euch gebe Zukunft und Hoffnung. 12 Und ihr werdet mich anrufen und hingehen und mich bitten, und ich will euch erhören. 13 Ihr werdet mich suchen und finden; denn wenn ihr mich von ganzem Herzen suchen werdet, 14 so will ich mich von

euch finden lassen, spricht der HERR, und will eure Gefangenschaft wenden und euch sammeln aus allen Völkern und von allen Orten, wohin ich euch verstoßen habe, spricht der HERR, und will euch wieder an diesen Ort bringen, von wo ich euch habe wegführen lassen. (Lutherbibel 2017)

Der Brief des Propheten Jeremia richtet sich an Menschen, die ihre Heimat verloren haben. An Menschen, die dadurch Lebensmöglichkeiten eingebüßt haben und sich fremd fühlen.

Im Hintergrund dieses Briefs stehen die Ereignisse des Jahres 597 vor Christus. Der judäische König Jojachin kapituliert vor Nebukadnezar und wird mit seinem Hof nach Babylon deportiert. Dort, im Exil, vermissen die Weggeführten nicht nur ihre gewohnte Umgebung und liebe Menschen, sondern auch das Zentrum ihrer Heimat: den Tempel in Jerusalem. Der Tempel ist mehr als ein Haus. Dort wohnt der Name Gottes. In ihm ist Gott ansprechbar. Wer dort betet, vergewissert sich: Ich habe Zukunft und Hoffnung, weil Gott mir nahe ist. Gilt das noch im fernen Babylon? Oder ist die Hoffnung auf Gott nur noch die vage Erinnerung an vergangene bessere Zeiten? Es zermürbt die Exilanten, dass sie den siegreichen Babyloniern ausgeliefert sind, verpflichtet zur Arbeit, aber ohne Rechte.

Auch heute verlieren Menschen ihre Heimat. Durch Krieg und Bürgerkrieg, durch politische

Verfolgung, durch Klimawandel und extreme Armut. Sie suchen nach einem Ort zum Leben, wo sie Zukunft haben. Nach einem Ort der Hoffnung, wo sie und ihre Kinder in Frieden und Freiheit leben können.

Und auch unter uns leben Menschen, die ihre Heimat verloren haben, obwohl sie eine Wohnung und einen Beruf haben und mit allen Zeichen eines materiell erfolgreichen Lebens gesegnet sind. Das Stichwort von der „metaphysischen Obdachlosigkeit" macht die Runde. Es meint Menschen, die alles haben und doch keine Wurzeln im Leben schlagen, weil sie nicht wissen, woran sie glauben können. Der kalifornische Internetpionier Jaron Lanier meinte vor kurzem, die Sozialen Medien machten uns „dümmer, ärmer, gemeiner, depressiver, sogar metaphysisch obdachloser".[37] Seine Frage: Wann löscht Ihr endlich Eure Facebook- und Instagram-Profile? Doch kann man löschen, wo man längst zu Hause ist?

Jeremia macht seinen Landsleuten im Exil Mut. Er verspricht ihnen im Namen Gottes: Euer Exil wird nicht ewig dauern. Lasst zwei Generationen ins Land gehen. Nach 70 Jahren werdet ihr in eure Heimat zurückkehren. Doch bis dahin sollt ihr auch in der Fremde leben können. Ja, die Babylonier haben euch besiegt, aber ihr Sieg und eure Niederlage, der Krieg und die Gewalt, der

Hass und die Feindschaft sollen nicht das letzte Wort haben. Eure Lebenswirklichkeit soll nicht ausschließlich davon bestimmt sein, dass ihr die Verlierer der Geschichte seid, und ihr könnt etwas dafür tun: Baut Häuser und wohnt darin, pflanzt Gärten und esst ihre Früchte, heiratet und bekommt Kinder, suchet der Stadt Bestes und betet für sie zum Herrn.

Werdet vertraut mit der Fremde, dann wird sie euch Heimat werden, nicht für immer, aber doch solange ihr sie braucht. Ihr könnt das, denn Gott selbst ist eure Heimat in der Fremde. Wenn ihr ihn sucht, lässt er sich finden.

Aus Jeremias Brief an die Exilanten können wir Grundsätzliches lernen. Das Exil sagt etwas über die Existenz, auch über unsere.

Heimat ist immer konkret. Sie ist ein Ort, wo meine Kinder und ich willkommen sind und leben können, mit all unseren Bedürfnissen. Mit dem Hunger und Durst meines Körpers und meiner Seele. Mit meiner Sehnsucht nach Gemeinschaft und Anerkennung, nach Wärme, Licht und Geborgenheit. „Suchet der Stadt Bestes", so übersetzte Martin Luther das hebräische Wort „schalom". Es steht für alles, was wir zum Leben brauchen, damit es gut ist und gelingt.

Heimat ist aber immer auch vorläufig. Zwei Generationen lang sollten die Exilanten in Babylon bleiben, mehr nicht. Uns ist nichts darüber berichtet, ob sie nach Ablauf dieser Frist wirklich noch nach Hause wollten. Ich kann mir gut vorstellen, dass es solche gab, die nach 70 Jahren gut integriert waren und sagten: Warum denn jetzt wieder nach Jerusalem gehen? Weil Heimat immer auf Zeit geschenkt wird.

Die wahre Heimat liegt immer vor uns. Wir sind lebendig, solange wir auf der Suche nach ihr sind. Letztlich auf der Suche nach Gott sind, der sich uns versprochen hat und der kommt, um uns immer wieder neu Zukunft und Hoffnung zu geben.

So sind und bleiben wir unterwegs als Menschen, auf der Suche nach dem schalom, nach Frieden und Wohlergehen, nach dem Besten für unsere Stadt. Heimat und Frieden gibt es nur dort, wo der Hass gebannt ist, wo die Spaltung in Gewinner und Verlierer überwunden ist.

Dazu gehört die Bereitschaft zu teilen. Den Raum und die Ressourcen zu teilen, die uns anvertraut sind. Aber auch die Phantasien vom guten Leben zu teilen. Da gäbe es viel zu entdecken. Nicht nur im Austausch über stimmungsvolle Wohnaccessoires und herzhafte Gerichte, sondern auch über unsere Träume und unsere Ziele im Leben, über unsere Sehnsucht nach Gott und unsere Geschichten mit ihm.

Die Publizistin Carolin Emcke schreibt in ihrem Buch „Gegen den Hass":

Zu den Strategien gegen Hass gehört auch, „Geschichten vom gelungenen … Leben und Lieben zu erzählen, damit sich, jenseits all der Erzählungen vom Unglück und von der Missachtung, auch die Möglichkeit des Glücks als etwas festsetzt, das es für jeden und jede geben könnte, als eine Aussicht, auf die zu hoffen, jeder und jede ein Anrecht hat".[38]

Für dieses Anrecht auf Zukunft und Hoffnung steht der Name Gottes. Wo wir ihn gemeinsam anrufen, da wächst das Gefühl von Heimat. Und die Bereitschaft, diese Heimat zu teilen mit denen, die auch seine Kinder sind wie wir.

Amen.

11.11.2018 – Drittletzter Sonntag des Kirchenjahres
Hi 14,1-6

Liebe Gemeinde!
Ratschläge sind auch Schläge.
Bestimmt kennen Sie auch Situationen, auf die dieses Sprichwort zutrifft.

Zum Beispiel diese: Sie treffen einen guten Freund oder eine Freundin, und Sie werden gefragt, wie es Ihnen geht. Sie erzählen daraufhin die neuesten Ereignisse aus Ihrem Leben und wie es Ihnen damit geht – und sagen wir, Sie haben etwas erlebt, was Sie traurig macht. Und dann sagt die Freundin so etwas wie: „Ach, mach' dir doch nichts draus. Der ist doch ein Idiot. Du solltest dir das nicht so zu Herzen nehmen. Du machst doch eine tolle Arbeit – lass' dich nicht ins Bockshorn jagen."

Sie atmen tief ein und wieder aus. Eigentlich wollten Sie nur die Frage beantworten „Wie geht es dir?". Sie wollten die Freundin an Ihrem Leben teilhaben lassen, aber Sie hatten nicht die Absicht, eine kostenlose Diagnose, einen Rat oder eine Handlungsanweisung zu bestellen.

Ungebetene Ratschläge sind auch Schläge. Es sind Grenzverletzungen – jemand trampelt in meinen Vorgarten. Es ist so, als ob der andere mir nicht zutraut, selbst auf die Lösung zu kommen. Und es ist gar nicht so leicht, damit umzugehen. Soll man für den ungebetenen Ratschlag danken, obwohl man keine Dankbarkeit, sondern Befremden empfindet? Oder geradeheraus für sich einstehen und sagen: „Danke, aber eigentlich wollte ich gar keinen Rat. Ich habe nur deine Frage beantwortet, um dich an meinem Leben teilhaben zu lassen."

Mit ungebetenen Ratschlägen sah sich auch Hiob konfrontiert. Hiob, der vom Schicksal schwer Geschlagene. Er hatte alles verloren, was sein Leben ausmachte. Geld und Gut, Frau und Kinder. Eine unvorstellbare, verzweifelte Lage! Und dann kamen auch noch seine Freunde und meinten, sie müssten Hiob sagen, warum all' dies passiert ist. „Denk mal genau nach, Hiob, du hast bestimmt irgendwann in deinem Leben einen Fehler gemacht, eine Schuld auf dich geladen, mit der du Gott so sehr erzürnt hast, dass er dich strafen musste." – Na, vielen Dank, hat Hiob da bestimmt gedacht. Das war jetzt genau der Ratschlag, den ich noch brauchte.

Wie gut, dass Hiob sich von den ungebetenen Ratschlägen seiner Freunde nicht entmutigen ließ. Vor allem ließ er es sich nicht nehmen, selbst nachzudenken, auf der Spur seiner eigenen Empfindungen und Gedanken zu bleiben. Der heutige Predigttext gibt uns einen Einblick in Hiobs eigene Gedankenwelt.

Ich lese aus Hiob 14:

1 Der Mensch, vom Weibe geboren, lebt kurze Zeit und ist voll Unruhe, 2 geht auf wie eine Blume und welkt, flieht wie ein Schatten und bleibt nicht. 3 Doch du tust deine Augen über einen solchen auf, dass du mich vor dir ins Gericht ziehst. 4 Kann wohl ein Reiner kommen von Unreinen? Auch nicht einer! 5 Sind seine Tage bestimmt, steht die Zahl seiner Monde bei dir und hast du ein Ziel gesetzt, das er nicht überschreiten kann: 6 so blicke doch weg von ihm, damit er Ruhe hat, bis sein Tag kommt, auf den er sich wie ein Tagelöhner freut.

Hiob spricht aus, was grundlegend ist für unser Leben als Menschen: die Endlichkeit unseres Lebens.

Kinder haben oft einen ausgeprägten Sinn für diese Endlichkeit. Sie wissen: Menschen sterben und sind dann nicht mehr unter uns. Es ist gut, ihnen diesen Realismus nicht auszureden, sondern sie darin zu unterstützen, gerade auch dann, wenn sie trauern.

Im Laufe unseres Lebens tritt dieser Sinn für die Endlichkeit oft in den Hintergrund. Wir verdrängen unser Wissen darum, dass das Leben einmal zu Ende geht. Es gibt Phasen im Leben von Jugendlichen, in denen sie sich geradezu für unsterblich halten. So spürbar ist die drängende Kraft, mit der sie ins Leben stürmen, dass der

Gedanke an Tod und Vergänglichkeit gar keinen Platz hat. Diese Phase hat ihre Berechtigung.

Wenn sie denn eine Phase bleibt! Unser Wirtschaftssystem, der kräftigste Impulsgeber für das Selbstverständnis der Menschen in unserer Gesellschaft, honoriert ja eher das ständige Überschreiten von Grenzen: mehr Wachstum, höherer Konsum, unendlicher Spaß![39] Da bleibt für Grenzen, erst recht für die Grenze des Lebens selbst, kein Platz.

Hiob dagegen spricht es aus: Der Mensch ist „wie ein Schatten und bleibt nicht". Und er weiß, wovon er spricht, weiß es aus eigener schmerzlicher Erfahrung. Sich den Schmerz nicht nehmen zu lassen, nicht durch wohlmeinende Freunde, nicht durch gut gemeinte Ratschläge, nicht durch die grenzenlose Betriebsamkeit unserer Welt, das ist das erste, was wir von Hiob lernen können. Den Schmerz der Endlichkeit aussprechen, wenn wir ihn empfinden, das Recht auf die eigene Trauer festhalten und sie leben, wenn es an der Zeit ist.

Und dann ist da noch die Sache mit Gott. Gott wird schon wissen, warum dir all' dies zugestoßen ist, hatten die Freunde Hiob gesagt. Und als er nicht sofort darauf einging, insistierten sie, beharrten darauf und meinten: Wenn dir dein eigenes Leid nicht sofort einleuchtet, dann denk halt gründlicher nach, wodurch du es verdient hast. Gott straft niemanden ohne Grund.

Längst ist Gott, jene strafende Instanz aus der Argumentation der Freunde Hiobs, verschwunden. An seine Stelle sind andere Richter getreten. Manchmal stehe ich vor der überbordenden Fülle an Ratgeberliteratur in den Regalen unserer Buchhandlungen und mir kommt der alptraumhafte Gedanke, die Freunde Hiob hätten einen Verlag gegründet und würden nun unentwegt neue, ungebetene Ratschläge erteilen. Es herrscht ein unterschwelliger Zwang zum Glücklichsein. Wer Probleme hat, wem es nicht so super geht, der muss etwas falsch gemacht haben. Zu fett gegessen, zu viel getrunken, zu wenig bewegt, zu schlecht gebildet, zu wenige Praktika, nicht im Ausland studiert, auf den falschen Arbeitgeber gesetzt, nicht die richtigen Kontakte gepflegt, das falsche Parteibuch gehabt, die falsche Konfession, die falsche Religion, zu viel Fleisch gegessen, zu oft geflogen, nicht den richtigen Lichtschutzfaktor benutzt, die falschen Sachen bei Facebook angeklickt, die falschen Freunde gehabt. Die Liste ließe sich endlos verlängern.

Wem es schlechtgeht, wer kein Hochglanzprospekt-taugliches Leben führt, muss sich dafür auch noch entschuldigen, muss etwas falsch gemacht haben. Die Götter der Schönheit, des Reichtums und des Konsums kennen keine Gnade. Wer ihnen nicht huldigt, der macht sich schwerer Vergehen verdächtig: Konsumverweigerung und politisch-ökonomisches Dissidententum sind Todsünden in den Augen des Marktes.

Hiob kämpfte gegen das Gottesbild seiner Freunde. Gegen das Bild vom strafenden Gott, der unbarmherzig alle Vergehen verfolgt. Und Hiob wagt das Unglaubliche: Er widersteht Gott ins Angesicht. „Du ziehst mich vor dir ins Gericht", aber ich weiß genau, was ich getan und was ich nicht getan habe. „Jugendsünden" habe ich vielleicht begangen, räumt Hiob im Kontext des Predigttextes ein, aber nichts, was mein schweres Leiden rechtfertigen oder erklären könnte.

Auf den ersten Blick macht es das Leid leichter, wenn es dafür eine Erklärung gibt. Und darum suchen die Menschen so händeringend nach Erklärungen für das Unbegreifliche. Leid und Schmerz, ein unerklärliches Schicksal werden vermeintlich leichter, wenn es eine Erklärung oder wenn es einen Schuldigen gibt. Wenn wir sagen können „Ich bin selbst schuld", oder besser noch, wenn wir sagen können „Die sind schuld", die Flüchtlinge, die Ausländer, die Politiker oder wer auch immer. Einen Schuldigen zu haben, einen Sündenbock zu benennen, hilft vielen Menschen, weil das Unbegreifliche des Leidens dadurch gelindert wird.

Allerdings, der Haken daran ist: Das Leiden verschwindet nicht, sondern es vervielfältigt sich dadurch. Am Ende leiden dann eben alle, auch die vermeintlichen Sündenböcke. In der vergangenen Woche haben wir uns an den 9. November 1938 erinnert, an die Reichspogromnacht. Damals waren es die Juden, die als Sündenböcke herhalten mussten. Aus dieser Geschichte lernen heißt, auf die Suche nach Sündenböcken zu verzichten und stattdessen die wahren Probleme unseres Landes und unserer Kirche zu lösen.

Hiob hat niemanden zum Sündenbock gemacht, auch nicht sich selbst. Auch das können wir von ihm lernen. Er hat stattdessen seinen Schmerz und seine Trauer vor Gott gebracht und um Ruhe für seine Seele gebetet.

Blick doch von mir weg, damit ich Ruhe habe, bis mein Leben vorbei ist.

Auch das darf es geben: Dass wir Gott bitten, er möge uns allein lassen, damit wir ganz für uns Ruhe finden, zu uns finden im Auf und Ab des Lebens.

Hiob hat die Welt und sein eigenes Leben aus Gottes Hand genommen, so wie es ist. Und auch wir müssen uns dafür nicht entschuldigen. Wir müssen unser Leben nicht nach außen hin besser, schöner oder größer machen, als es ist. Unser Schmerz, unsere Fehler und Schwächen gehören zu uns. Wir haben ein Recht auf sie und niemand darf uns ihretwegen ungefragt ein schlechtes Gewissen einreden oder uns zum Sündenbock machen.

Um dahin zu kommen, wollte Hiob für sich sein. Sein letztes Wort war dies aber nicht. Einige Verse nach unserem Predigttext spricht er zu Gott:

„Ach, dass du mich im Totenreich verwahren und verbergen wolltest, bis dein Zorn sich legt, und mir eine Frist setzen und dann an mich denken wolltest."

Amen.

16.07.2017 – Predigtreihe „Sola Scriptura"
2 Tim 3,13-14

Ich lese aus dem zweiten Timotheusbrief im dritten Kapitel:
14 Du aber bleibe bei dem, was du gelernt hast und was dir anvertraut ist; du weißt ja, von wem du gelernt hast 15 und dass du von Kind auf die Heilige Schrift kennst, die dich unterweisen kann zur Seligkeit durch den Glauben an Christus Jesus.
16 Denn alle Schrift, von Gott eingegeben, ist nütze zur Lehre, zur Zurechtweisung, zur Besserung, zur Erziehung in der Gerechtigkeit, 17 dass der Mensch Gottes vollkommen sei, zu allem guten Werk geschickt.

Die Gnade unseres Herrn Jesus Christus, die Liebe Gottes und die Gemeinschaft des Heiligen Geistes sei mit euch allen.
Amen.

Liebe Gemeinde!
Heute beginnt in der Emmaus-Gemeinde unsere Sommerpredigtreihe zu Fragen der Reformation. Sie beginnt mit zwei Themapredigten, die zentraler eigentlich nicht sein könnten: zu Luthers reformatorischer Erkenntnis in der Versöhnungs- und Christuskirche und zum Bibelverständnis der Reformation in der Thomas- und

Matthäikirche. Beide Themen hängen eng miteinander zusammen. Luthers reformatorische Erkenntnis und sein Weg aus dem Kloster heraus zu einem Leben als verheirateter Mann, Familienvater und Theologieprofessor wäre ohne seine Bibellektüre nicht denkbar gewesen. Und genau darum, weil seine Bibellektüre so folgenreich gewesen ist, lohnt es sich, sie genauer zu betrachten.

Sola scriptura, allein die Schrift, ist die Kurzformel für dieses reformatorische Bibelverständnis. Luther selbst kannte diese Kurzformel noch nicht, sie stammt auch nicht von ihm. Erst 300 Jahre nach den Ereignissen in Wittenberg und anderen Städten in Europa brachten lutherische Theologen das reformatorische Bibelverständnis auf diese Kurzformel.

Sola scriptura, allein die Schrift ist Quelle und Richtschnur für die Verkündigung und das Leben der Kirche. Damit meinten die Reformatoren: In der Bibel hören wir Gottes Wort an uns. Alles, was wir für unseren Glauben brauchen, steht in diesem Buch. Die Bibel braucht Menschen, die sie lesen und verstehen, aber sie braucht kein kirchliches Lehramt, keinen Papst, der ihre Inhalte auslegt. Ihr Inhalt ist in den wesentlichen Bestandteilen so klar, dass alle Menschen ihn verstehen können. Mit diesem Optimismus übersetzte Martin Luther die Bibel aus dem von

Erasmus von Rotterdam frisch herausgegebenen griechischen Urtext ins Deutsche und schuf damit einen Text, der nicht nur die deutsche Sprache der Neuzeit mit prägte, sondern der auch bis heute Maßstäbe für die Übersetzung der Bibel gesetzt hat.

Sola scriptura, allein die Schrift, ist darum ein Grundpfeiler der evangelischen Kirche und für evangelische Christinnen und Christen. Und dies ist bis heute weit mehr als graue Theorie. Wer sich der evangelischen Kirche nähert oder in ihr lebt, spürt die Bedeutung dieses Grundpfeilers.

Ich werde nie vergessen, wie im Jahr 2007 im Zürcher Großmünster, in der Kirche Huldrych Zwinglis, die aktuelle Zürcher Bibel vorgestellt wurde. Ich durfte bei der Vernissage dabei sein. Als gerade frisch gewählter Pfarrer einer reformierten Gemeinde in der Schweiz beeindruckte mich diese Feier nachhaltig. In großer Schlichtheit und doch ebenso großer Feierlichkeit wurde die neu übersetzte Zürcher Bibel auf den großen Taufstein in der Mitte des Chorraums gelegt. Neben eines der ersten Exemplare von 1531. Wo in anderen Kirchen goldene Gefäße und edelsteingeschmückte Reliquien liegen, da lagen nun also zwei Bücher, ein altes und ein neues, die doch beide Teil einer Geschichte sind: In der reformierten Zürcher Kirche wird die Bibel zwar auch von Experten übersetzt, aber alle Übersetzungen werden von der Synode beschlossen und besondere schwierige Übersetzungsfragen ausgiebig in der Synode diskutiert. Die Botschaft dabei ist klar und einfach: Die Kirche entsteht durch das Hören auf das Wort und die Übersetzung der Bibel durch die Kirche ist das erste und wichtigste Ergebnis dieses Hörens. Darum diese Feierlichkeit im Umgang mit diesem Buch, es ist Quelle und Zeugnis des Glaubens zugleich.

Auch in unserer evangelischen Kirche geht es im Zusammenhang mit der Bibel oft feierlich zu. Auch unsere neue Lutherbibel von 2017 ist ein sorgfältig übersetztes und handwerklich schön produziertes Buch. Wenn wir daraus im Gottesdienst lesen, dann singen wir anschließend Halleluja und das Buch liegt im Zentrum dieses Raumes, in der Mitte des Altars.

Sola scriptura, allein die Schrift erfährt in der evangelischen Kirche solche Wertschätzung, allein ihr gehört der zentrale Ort in unseren Räumen.

Bei so viel Feierlichkeit stellt sich zwangsläufig die Frage: Welche Substanz steckt eigentlich heute noch dahinter? Entspricht dieser Wertschätzung eigentlich noch die Praxis unseres Glaubens in der Kirche und in unserem Leben? Oder ist die Verehrung der Bibel zu einem leeren Ritual geworden? Ähnlich merkwürdig wie die Verehrung einer Reliquie. Oder anders und zugespitzt: Was habe ich eigentlich davon, dass ich die Bibel heute mit einem von Jürgen Klopp oder Uschi Glas gestalteten Einband kaufen kann, wenn ich mit ihrem Text wenig oder nichts mehr anfangen kann?

Mit diesen Fragen im Hinterkopf schauen wir noch einmal zurück ins 16. Jahrhundert. Vor 500 Jahren, im Jahr 1517, nagelte Martin Luther seine 95 Thesen an die Tür der Wittenberger Schlosskirche. Für die Wirkung der Reformation wichtiger und für die Bedeutung von Luthers Bibelverständnis aussagekräftiger war jedoch ein anderer Vorgang. Luther schickte seine Thesen an Erzbischof Albrecht von Brandenburg, den ranghöchsten Kirchenfürsten in Deutschland. Damit zwang er die kirchliche Hierarchie dazu, sich mit seinen Thesen zu befassen, die ansonsten vielleicht in der sachsen-anhaltinischen Provinz wenig Beachtung gefunden hätten.

Die erste These beginnt mit den Worten: „Da unser Herr und Meister Jesus Christus spricht ‚Tut Buße‘ usw. (Matth. 4,17), hat er gewollt, dass das ganze Leben der Gläubigen Buße sein soll."

Am Anfang dieser so folgenreichen Reihe von Thesen steht also ein Bibelzitat. Das in der Bibel überlieferte Wort Jesu begründet und eröffnet Luthers Gedanken, der dann weiter ausführt, man könne die Verpflichtung zur Beichte nicht so auslegen, als müsse man lediglich die frommen Bußübungen vollziehen, die einem der Priester auferlegte, etwa beten oder Ablassbriefe kaufen. Die scheinbare Schlichtheit dieser Aussage ist trügerisch; sie ist in Wirklichkeit eine Generalkritik am gesamten Gebäude der spätmittelalterlichen Kirche.

Es war das biblische Verständnis von Buße und Beichte, das Luther zu der Klage veranlasste, das kirchliche Bußsakrament sei pervertiert und zu einem reinen Geldgeschäft geworden. Der Bußprediger Tetzel zog durch die Lande und verkaufte Ablassbriefe. Gegen Geld versprach er Seelenheil. Hätte Luther mit seiner biblischen Theologie allein ihn kritisiert, dann hätte sich der Ärger in Grenzen gehalten. Faktisch griff Luther jedoch mit seinem Verständnis von Buße das Herz der damaligen Papstkirche an und ihr gesamtes ökonomisches und soziales Gefüge, das auf der systematischen Vermarktung kollektiver Seelenerlösung beruhte. Der Mainzer Erzbischof Albrecht von Brandenburg war einer der Profiteure. Mit Mitte 20 wollte er Erzbischof von Mainz werden. Da war er zwar schon Erzbischof von Magdeburg, aber das Bistum Mainz erschien ihm attraktiv und so wollte er dort auch noch Bischof werden. Der Vatikan war zuerst dagegen, ließ sich aber schließlich mit einer großzügigen Spende von 21.000 Dukaten für den Bau des Petersdom davon überzeugen, Albrecht den Posten zu geben. Allein, der junge Albrecht hatte das Geld nicht und musste es sich vom Augsburger

Bankhaus Fugger leihen. Um den Kredit bedienen zu können und nicht in eine finanzielle Klemme zu geraten, brauchte er also dringend das Geld aus dem Ablasshandel. So kam es, dass der kleine Mönch und Bibeltheologe Martin Luther aus dem Provinznest Wittenberg sich unversehens nicht nur mit der Kirche, sondern auch mit dem mächtigsten Bankhaus in Europa anlegte.

Alles, was ihn dabei stützte, war ein Wort aus der Bibel: „Da unser Herr und Meister Jesus Christus spricht ‚Tut Buße' usw. (Matth. 4,17)", damit fing der Ärger an, aber auch eine Bewegung, die am Ende nicht nur die Kirche, sondern die Gesellschaft verändern sollte.

Sola scriptura, allein die Schrift versetzte Luther in die kritische Distanz zum religiösen und sozialen Leben der meisten Christen damals. Es war die Bibel, die ihm die Augen öffnete für einen Skandal, den damals keiner als solchen empfand. Und es war die Bibel, die ihm solch einen atemberaubenden Mut schenkte, der ihn diese Wahrheit aussprechen ließ, auch vor Kaiser und Papst.

Der Rest ist Legende. Unter der Wirkung der Bibelworte vollzog sich die Spaltung der abendländischen Kirche. Aber nicht nur das. Es kam auch zu einem Aufschwung der Bildung in den Gebieten der Reformation. Plötzlich war es erstrebenswert Lesen und Schreiben zu lernen. Wer mündig im Glauben werden wollte, der musste dieses Buch lesen und verstehen können. Und wer dieses Buch lesen und verstehen konnte, der konnte bald auch anderes lesen und verstehen und entwickelte sich zu einem freieren Menschen. So beförderte die Wiederentdeckung der Bibel in der Reformation auch die Bildung und die Befreiung der Menschen von Unmündigkeit und Abhängigkeit.

Soweit, so gut. Diese Errungenschaften der Reformation haben wir in diesem Jubiläumsjahr 2017 immer wieder gefeiert. Doch wie steht es heute mit dem sola scriptura? Bei allem Respekt vor den Leseerfahrungen und dem Mut eines Martin Luther hilft es uns heute ja nicht, einfach die Formeln der Vergangenheit nachzubeten. Es ist auch Zeit für eine kritische Bestandsaufnahme.

Allzu oft wurden in der Vergangenheit Menschen im Namen des sola scriptura mundtot gemacht. Allein in der Schrift meinte man die Wahrheit zu finden und nirgendwo sonst. Biblische Schöpfungserzählung und Evolutionstheorie wurden beispielsweise gegeneinander ausgespielt. Im Namen der Bibel wurde die Wissenschaftsfeindlichkeit zum Ideal erhoben. Oder im Namen der Bibel wurden bestimmte Entwicklungen in der Kirche unnötig lange verzögert. Der ermüdend lange Widerstand gegen die Frauenordination ist so ein Beispiel. Und es soll manche Protestanten geben, die heimlich die Katholiken beneiden, weil die nur einen Papst haben, wir hingegen sehr viele, die meinen, die Wahrheit aus der Bibel mit Löffeln gefressen zu haben.

Das alles sind Risiken und Nebenwirkungen der reformatorischen Verbreitung der Bibel. Mit der Demokratisierung des Bibellesens sind sie wohl unvermeidlich geworden. Manchem haben sie gar das Bibellesen ganz verleidet. Doch das ist keineswegs zwingend der Fall. Denn die Bibel ist ein gutes Buch. Und gute Bücher vertragen Kritik, auch scharfe Kritik.

Eine wichtige Kritik möchte ich zum Schluss noch erwähnen.

Sola scriptura, allein die Schrift, damit meinten die Reformatoren auch: Die Bibel enthält Gottes Wort. Sie ist im Sinne des zweiten Timotheusbriefs „von Gott eingegeben" und darum allen menschlichen Worten und Traditionen weit überlegen. Seit der Aufklärung wissen wir aber auch in der Theologie, dass die Bibel nicht vom Himmel gefallen ist und selbst ein Konglomerat von Schriften verschiedener Autoren ist. Weil die Bibel selbst unterschiedlichste Traditionen aus mehr als 1000 Jahren Entstehungsgeschichte enthält, lassen sich auch Wort Gottes auf der einen und menschliche Tradition auf der anderen

Seite nicht mehr so klar voneinander trennen, wie die Reformatoren dies taten.

Doch dies tut der Wirkung der Bibel keinen Abbruch.

Auch heute noch lesen Menschen die alten Geschichten. Sie stoßen in ihnen auf die Erfahrungen von Menschen. Auf Erfahrungen mit sich selbst, der eigenen Seele, auf Erfahrungen mit anderen Menschen, mit dem Lebensraum, den wir bewohnen, der Schöpfung. Und die heutigen Leserinnen und Leser stoßen auf ein Geheimnis, das in den biblischen Texten präsent ist: Sie stoßen auf einen Namen, der in den Geschichten anwesend ist.

Ein Name, von dem Menschen erzählen, nach dem Menschen sich sehnen, den Menschen verfluchen, den Menschen suchen.

Der Name Gottes, J-H-W-H im Hebräischen, der „Herr" in unseren Übersetzungen.

Der Name, den wir anrufen dürfen, an den wir uns in Glück und Not wenden dürfen, die Quelle unseres Lebens, das Geheimnis, das sich in unseren Geschichten genauso offenbart wie in den Geschichten von Abraham und Sara, von Jesus und Petrus, von Pontius Pilatus und Paulus. Darum können wir auch heute noch sagen:

Sola scriptura, allein die Schrift bezeugt diesen Namen, in dem wir selig werden. Den Namen allerdings auch, der uns immer wieder neu in die kritische Distanz ruft zu den Geschäften dieser

Welt und zu den Geschäften der Kirche. Dieses kritische Potential gehört zu den biblischen Texten dazu. Auch ein Uschi Glas-Einband kann daran nichts ändern.

Amen.

12.08.2018 – Elfter Sonntag nach Trinitatis
Ps 8

Liebe Gemeinde!
Vor gut zwei Wochen waren wir Zeugen eines Jahrhundertereignisses. Am 27. Juli gab es eine totale Mondfinsternis. Mehr als anderthalb Stunden befand sich der Mond ganz im Kernschatten der Erde und war als sogenannter Blutmond zu sehen.

Haben Sie's gesehen?

Ich war so fasziniert von dieser Mondfinsternis, dass ich an diesem und den folgenden Abenden noch oft in den Sternenhimmel über mir geschaut habe.

Bei klarem Wetter und ohne störenden Lichteinfall von künstlicher Beleuchtung kann ich mir kaum etwas Faszinierenderes vorstellen, als den Sternenhimmel zu betrachten. Die unfassbare Vielzahl von Sternen und Planeten, die schwindelerregenden Entfernungen zwischen uns und ihnen, die präzisen Bewegungen der Himmelskörper, das alles lässt mich staunen und schenkt mit ein Gefühl der Ehrfurcht und Erhabenheit.

[Der Philosoph Immanuel Kant schrieb: „Zwei Dinge erfüllen das Gemüt mit immer neuer und zunehmender Bewunderung und Ehrfurcht, je öfter und anhaltender sich das Nachdenken damit beschäftigt: Der bestirnte Himmel über mir, und das moralische Gesetz in mir."[40]]

301

Dieses Gefühl der Ehrfurcht und Erhabenheit kennt auch schon die Bibel. Es ist der Ausgangspunkt des Nachdenkens über Gott und den Menschen in Ps 8. Dort heißt es:

2 HERR, unser Herrscher, wie herrlich ist dein Name in allen Landen,
    der du zeigst deine Hoheit am Himmel!
3 Aus dem Munde der jungen Kinder und Säuglinge / hast du eine Macht zugerichtet um deiner Feinde willen,
    dass du vertilgest den Feind und den Rachgierigen.
4 Wenn ich sehe die Himmel, deiner Finger Werk,
    den Mond und die Sterne, die du bereitet hast:
5 was ist der Mensch, dass du seiner gedenkst,
    und des Menschen Kind, dass du dich seiner annimmst?
6 Du hast ihn wenig niedriger gemacht als Gott,
    mit Ehre und Herrlichkeit hast du ihn gekrönt.
7 Du hast ihn zum Herrn gemacht über deiner Hände Werk,
    alles hast du unter seine Füße getan:
8 Schafe und Rinder allzumal,
    dazu auch die wilden Tiere,
9 die Vögel unter dem Himmel und die Fische im Meer
    und alles, was die Meere durchzieht.

10 HERR, unser Herrscher,
wie herrlich ist dein Name in allen Landen!

Der Psalmdichter fasst ein Gefühl in Worte, das mir vertraut ist, wenn ich in den Nachthimmel schaue. Wenn ich den Mond und die Sterne anschaue, die unendlichen Weiten des Kosmos sehe und die Vielzahl der Lichter über mir, dann drängt sich mir die Frage auf: Wer bin ich eigentlich angesichts dieser Welten über mir und um mich herum? Bin ich eigentlich überhaupt wichtig mit den Sorgen und Problemen, die ich habe? Oder bin ich nicht doch einfach nur ein Stück Sternenstaub mit verschwindend geringer Lebenszeit, ohne Bedeutung angesichts dieser faszinierenden Unendlichkeit über mir?

Bei dieser Frage ist für mich immer wieder auch ein gefühlsmäßiger Umschlagpunkt erreicht. Was mich eben noch faszinierte und erstaunte, erzeugt im nächsten Moment Melancholie: Wer bin ich schon mit meinem bisschen Lebenszeit und meinen begrenzten Möglichkeiten?

Die Sprache von Psalm 8 eröffnet uns hier aber auch noch eine andere Möglichkeit. Die Frage „Wer bin ich?", oder allgemeiner gesprochen „Was ist der Mensch?", ist nämlich unvollständig gestellt. Darauf weist uns der Psalm hin.

Denn der Psalm spricht aus der Gemeinschaft der Glaubenden. Das verändert den Blick. Der

Mond und die Sterne werden zu Hinweisen auf den Schöpfer. Sie sind, in der Sprache des Gebets, „deiner Finger Werk", sie zeigen „deine Hoheit am Himmel".

Und darum lautet die vollständige Frage nach dem Menschen: „Was ist der Mensch, dass du seiner gedenkst, und des Menschen Kind, dass du dich seiner annimmst?"

Ja, es ist richtig, wir Menschen sind sterbliche Wesen und angesichts der Weite des Himmels sind wir erschreckend klein. Aber das heißt keineswegs, dass unser Leben bedeutungslos wäre.

Im Gegenteil: Wir sind wichtig, weil wir Geschöpfe sind. Geschöpfe desselben Gottes, der seine Hoheit am Himmel zeigt, der den Mond und die Sterne bereitet hat, der an uns denkt und sich unser annimmt.

Beweisen im wissenschaftlichen Sinne können wir das nicht.

Aber der Glaube an diesen Schöpfer setzt positive Kräfte frei. Aus diesem Glauben wächst das Gefühl für die besondere Würde und Verantwortung von uns Menschen.

Du hast den Menschen „wenig niedriger gemacht als Gott, mit Ehre und Herrlichkeit hast du ihn gekrönt", heißt es im Psalm. Damit nimmt der Psalmdichter auf, was wir eben in der Schöpfungsgeschichte (Gen 1,26-31) gehört haben. Wir sind „zum Bilde Gottes" geschaffen. Wir sind als

Verwalter der von Gott geschaffenen Welt eingesetzt, und zwar nicht nur die oberen Zehntau-
send oder wenige Auserwählte, sondern unsere
gemeinsame Aufgabe als Menschen ist es, die
Schöpfung zu hegen und zu pflegen wie einen
anvertrauten Garten.[41] Jeder dort, wo es ihm
möglich ist.

Der Psalmdichter gibt sich nicht einfach damit
zufrieden, die Rolle des Menschen als Ebenbild
Gottes zu behaupten, sondern er beschreibt sie.
Du hast den Menschen „zum Herrn gemacht
über deiner Hände Werk, alles hast du unter seine Füße getan: Schafe und Rinder allzumal, dazu
auch die wilden Tiere, die Vögel unter dem
Himmel und die Fische im Meer und alles, was
die Meere durchzieht." Er beschreibt die lebens-
erhaltenden und versorgenden Tätigkeiten des
Menschen. Er ist Viehzüchter und Jäger, er ist
Vogelfänger und Fischer. Ja sogar Herr alles dessen, „was die Meere durchzieht". Wer einmal am
Meer stand, der hat eine Ahnung davon, wie
schwierig das Geschäft der Fischerei ist. Es er-
fordert technisches Können und persönlichen
Mut. Der Mensch ist nicht zuletzt auch Mann
und Frau und hat die Möglichkeit, das Leben
weiterzugeben.

In all' dem liegt unsere einzigartige Berufung
und unsere Würde als Menschen. Gott hat uns
als Menschen geschaffen, die fähig zur Verant-

wortung und zur Gestaltung der Welt sind. Wir sind trotz unserer Sterblichkeit und obwohl wir so klein sind angesichts des bestirnten Himmels über uns, zu großen Dingen fähig. Deshalb ist es durchaus treffend, wenn es im Psalm heißt: Wir sind wenig niedriger als Gott.

Wenig niedriger, das heißt auch: Als Menschen sind wir Wesen, die sich auf einer Grenze bewegen. Wir können zu beiden Seiten unser Maß verlieren. Wir können werden wie die Tiere, die sich von ihren Instinkten treiben lassen. Wir können uns aber auch für Götter halten, die sich für allmächtig halten.

Gerade letzteres hat sich in den vergangenen Jahrzehnten als unsere große Gefährdung erwiesen. Wenn wir an den von Menschen gemachten Klimawandel denken, dann sind wir als Verwalter von Gottes guter Schöpfung gescheitert. Allzu oft haben wir vergessen, dass wir Geschöpfe unter anderen Geschöpfen sind. Stattdessen haben wir die Welt wie ein unbelebtes Objekt für unsere Zwecke benutzt, haben Wasser, Luft und Boden ausgebeutet, als stünde unendlich viel davon zu unserer Verfügung.[42] Die Schöpfung selbst erinnert uns daran, dass dies ein Irrtum ist. Wenn wir uns für allmächtig und unendlich halten, dann überschreiten wir die uns gesetzten Grenzen, dann verbrauchen wir stets mehr, als uns zusteht. Der Klimawandel lässt uns hautnah spüren, dass wir diese Schöpfung und damit auch uns selbst gefährden.

Aus dieser Lage werden wir uns kaum selbst erlösen können. Als Geschöpf auf der Grenze sind wir begrenzt durch Fehlbarkeit und Tod.[43] Wir sind „wenig niedriger gemacht als Gott" und wollen doch oft sein wie Gott, sind gefangen in den Szenarien von unendlichem Wachstum und grenzenloser Machbarkeit.

Trotzdem gibt es Hoffnung für uns Menschen. Wir mögen als Verwalter der Schöpfung immer wieder scheitern. Doch einer hat die Macht, uns immer wieder einen neuen Anfang zu schenken. In der Taufe bekennen wir, dass Christus gegeben ist „alle Gewalt im Himmel und auf Erden". Er ist der neue Verwalter, dessen Herrschaft nicht zerstört, sondern heilt. Er heilt uns, indem er uns befreit zum Lob Gottes.

„Herr, unser Herrscher, wie herrlich ist dein Name in allen Landen!"

Dieses Lob hilft uns, immer wieder neu zu unterscheiden zwischen uns und Gott. Wir finden zurück an unseren Platz. Er ist der Schöpfer, wir die Geschöpfe. Darin finden wir unsere Würde und unseren Auftrag.

Amen.

Anmerkungen

[1] Hartmut Handt/Armin Jetter: Voller Freude. Liedandachten zu den Sonntagen und Festen des Kirchenjahres (Strube Edition 9044). München 2004, 20.

[2] Hans Blumenberg: Arbeit am Mythos. Frankfurt a.M. 1979. Vgl. auch das Deutschlandfunk-Feature „Keine Politik ohne Mythos" (zuletzt abgerufen am 05.12.2016).

[3] Hannah Arendt: Vita activa. Zit. n. Predigtmeditationen im christlich-jüdischen Kontext. Wiesbaden 2016, 184.

[4] Vgl. Kornelis Heiko Miskotte: Der Weg des Gebets. München 1964, 108.

[5] Vgl. Willi Marxsen: Die Sache Jesu geht weiter. Gütersloh 1976.

[6] Vgl. Martins Luthers Auslegung zum dritten Artikel des Credo im Kleinen Katechismus sowie Albert Schweitzers Ethik des Lebens.

[7] Https://www.taz.de/US-Pastorin-zum-Kirchentag/!5412007/ (zuletzt abgerufen am 02.06.2017).

[8] Ebd.

[9] Rebekka Reinhard: "Heute gilt Schönheit kaum noch als Geschenk der Natur, sondern als eine Leistung", in: https://www.heise.de/tp/features/Heute-gilt-Schoenheit-kaum-noch-als-Geschenk-der-Natur-

sondern-als-eine-Leistung-3362538.html (zuletzt abgerufen am 14.06.2017). Vgl. dies.: Schön!, München 2013.

[10] Irenäus von Lyon. Vgl. dazu Wunibald Müller: Die Ehre Gottes ist der lebendige Mensch, Regensburg ²1996.

[11] Art. „Christenverfolgung", in: https://de.wikipedia.org/wiki/Christenverfolgung#Gegenwart (zuletzt abgerufen am 14.06.2017).

[12] Vgl. Rechtfertigung und Freiheit. Hg. v. Kirchenamt der EKD, Gütersloh ⁴2015, 93.

[13] Zu diesem Absatz vgl. Rechtfertigung und Freiheit, 30 f.

[14] Martin Luther: Von der Freiheit eines Christenmenschen (1520).

[15] Nina Hagen: Bekenntnisse. München 2011, 155.

[16] Art. Alfred Loisy, in: Wikipedia.org: „Im zentralen Konflikt wandte sich Loisy mit dem Buch L'Évangile et l'Église von 1902 gegen das ‚Wesen des Christentums', wie es der liberale protestantische Theologe Adolf Harnack konzipierte. Dabei ging es ihm um die positive Würdigung der öffentlichen Funktion der Kirche. Jesus habe das Reich Gottes verkündet, aber die Kirche (immerhin!) sei entstanden." (zuletzt abgerufen am 10.11.2017).

[17] Markus Engelhardt: Von Gottes Reich und Gottes Finger. In: Predigtstudien 2016/2017. Zweiter Halbband, 207.

[18] DLF-Kultur, Beitrag vom 20.10.2015.

[19] „Das Spektakel ist die Ideologie schlechthin, weil es das Wesen jedes ideologischen Systems in seiner Fülle darstellt und zum Ausdruck bringt: Die Verarmung, die Unterjochung und die Negation des wirklichen Lebens." Guy Debord: Die Gesellschaft des Spektakels. 1967 dt. Berlin 1996, 182.

[20] Vgl. Odo Marquard: Abschied vom Prinzipiellen. Stuttgart 1981, 39 ff. Im Anschluss daran Ulrich H.J. Körtner: Reformatorische Theologie im 21. Jahrhundert. (Theologische Studien 1) Zürich 2010, 34 ff.

[21] Zur Differenz von System und Umwelt vgl. Niklas Luhmann: Soziale Systeme. Grundriß einer allgemeinen Theorie. Frankfurt a. M. 1987, 30.

[22] https://www.youtube.com/watch?v=rituqgtekS4 (zuletzt abgerufen am 24.02.2018).

[23] Vgl. Veronika Hackenbroch/Kerstin Kullmann zu Symptomen der Depression: Unter Wasser. In: Der Spiegel 11 / 2018, 102.

[24] In dieses Horn stößt letztlich auch die Fastenaktion der evangelischen Kirche 2018 „Zeig dich! Sieben Wochen ohne Kneifen".

[25] Vgl. Byung-Chul Han: Müdigkeitsgesellschaft. Berlin [7]2012, 57.

[26] Vgl. Ingeborg Weber-Kellermann: Frauenleben im 19. Jahrhundert. München [4]1998.

[27] Vgl. die Kritik von Henning Luther: Die Lügen der Tröster. In: Praktische Theologie 33 (1998), 163 ff.

[28] Vgl. Die große Regression. Eine internationale Debatte über die geistige Situation der Zeit. Hg. v. Heinrich Geiselberger. Berlin [2]2017.

[29] Vgl. Bernhard Pörksen: Die große Gereiztheit. Wege aus der kollektiven Erregung. München 2018.

[30] Vgl. Robert Pfaller: Erwachsenensprache. Über ihr Verschwinden aus Politik und Kultur. Frankfurt a.M. [4]2018.

[31] „Die verschiedenen Ämter in der Kirche begründen keine Herrschaft der einen über die anderen", heißt es in der Theologischen Erklärung von Barmen von 1934, These 4.

[32] Johnson Oatman (1856-1922). Zit. nach John R. Rice: Count Your Blessings, 1961, S. 4.

[33] Von einer Selbstprüfungs- und Selbstrelativierungsdynamik spricht Isolde Karle: Kirche im Reformstress. Gütersloh 2010, 71.

[34] Auf die Parallelen zur Theologischen Erklärung der Bekenntnissynode von Barmen (1934) weist der Reformierte Bund in Deutschland hin:

http://www.reformiert-info.de/20605-0-8-1.html (zuletzt abgerufen am 31.05.2018).

[35] Im Bootcamp des guten Lebens. In: DIE ZEIT Nr. 5/2017, 26. Januar 2017.

[36] Vgl. Carolin Emcke: Gegen den Hass. Frankfurt a.M. [6]2016, Kap. 2: Homogen – natürlich – rein.

[37] Neues aus Kalifornien: In: DIE ZEIT Nr. 32/2018, 2. August 2018.

[38] Carolin Emcke: a.a.O., S. 217.

[39] Vgl. David Foster Wallace, Infinite Jest (1996), dt. Unendlicher Spaß, Köln [3]2009.

[40] Immanuel Kant, Kritik der praktischen Vernunft (1788), Stuttgart 1995, Kap. 34.

[41] Vgl. Hans Walter Wolff, Anthropologie des Alten Testaments (1973), Gütersloh [6]1994, 236 f.

[42] Damit verbindet sich die Haltung des „Außererdigen", d.h. ein Lebensstil, der sich außerhalb der irdischen Begrenztheiten wähnt, wie er politisch derzeit am prägnantesten von Donald Trump verkörpert wird. Vgl. Bruno Latour, Das terrestrische Manifest, Berlin 2018, 43-49.

[43] Vgl. Rainer Albertz, Der Mensch als Hüter seiner Welt, Stuttgart 1990, 111-113.